新时代智库出版的领跑者

国家智库报告（2021）
National Think Tank (2021)

中国对外贸易报告

（2019—2020）

CHINA'S TRADE REPORT（2019-2020）

倪月菊　马盈盈　王芳　等著

中国社会科学出版社

图书在版编目(CIP)数据

中国对外贸易报告.2019-2020 / 倪月菊等著.—北京：中国社会科学出版社，2021.6

（国家智库报告）

ISBN 978-7-5203-8500-8

Ⅰ.①中… Ⅱ.①倪… Ⅲ.①对外贸易—研究报告—中国—2019-2020 Ⅳ.①F752

中国版本图书馆 CIP 数据核字（2021）第 098108 号

出版人	赵剑英
项目统筹	王茵
责任编辑	黄晗
责任校对	冯英爽
责任印制	李寡寡

出　　版	中国社会科学出版社
社　　址	北京鼓楼西大街甲 158 号
邮　　编	100720
网　　址	http://www.csspw.cn
发 行 部	010-84083685
门 市 部	010-84029450
经　　销	新华书店及其他书店

印刷装订	北京君升印刷有限公司
版　　次	2021 年 6 月第 1 版
印　　次	2021 年 6 月第 1 次印刷

开　　本	787×1092　1/16
印　　张	12.75
插　　页	2
字　　数	165 千字
定　　价	78.00 元

凡购买中国社会科学出版社图书，如有质量问题请与本社营销中心联系调换
电话：010-84083683
版权所有　侵权必究

摘要：对外贸易是发展中国家实现经济起飞和持续增长的重要驱动力。在国际国内环境深刻变化的背景下，过去二十年形成的"美国—世界市场""中国—世界工厂"双轴心的分工格局将加剧调整，中国在全球生产网络中的中心地位面临发达国家和发展中国家的"双重挤压"。本报告利用多个数据库，从国际市场布局、国内区域分布、货物贸易结构、服务贸易结构和贸易方式结构五个维度深入分析中国贸易结构的现状和变化趋势，以明晰中国贸易竞争的优势、弱势和潜力，为供给侧结构性改革、产业转型升级和出口产品质量提升找准发力点，为实现外贸新旧动能转换、贸易结构升级和协调发展提供数据支撑，为共建"一带一路"、推进国内区域发展战略、深化外贸领域改革提供政策参考。

关键词：贸易结构；货物贸易；服务贸易；贸易地区；贸易方式

Abstract: International trade is an important driving force for developing countries to achieve economic take-off and sustain economic growth. But under the background of profound changes in the international and domestic environment, the two-center pattern of international specialization in which US is the world market and China is the world factory will profoundly change, and China's central position in the global production network will face "double squeeze" from developed and developing countries. This report uses China Customs database, WTO-TISMOS database, ADB-MRIO databases to deeply analyze the current situation and changing trend of China's trade structure from five dimensions, which are international market layout, domestic regional distribution, goods trade structure, service trade structure and trade mode, so as to clarify the advantages, disadvantages and potential advantages of China's international trade. It provides accurate reference for the structural reform of the supply side, industrial transformation and upgrading and the quality improvement of export products, and provides data support for the transformation form old economic momentum to new economic momentum, the upgrading of international trade structure and the coordinated development of economy. Besides, It also provides policy suggestions for "one belt and one road", promoting domestic regional development strategy and deepening the reform of international trade.

Key Words: trade structure; trade in goods; trade in services; trade of region; trade mode

目 录

第一章 中国国别（地区）贸易结构变化趋势及预测 …… （1）
 一 中国对外贸易的国别（地区）结构分析 ………… （2）
  （一）出口贸易国别（地区）结构 ……………… （2）
  （二）进口贸易国别（地区）结构 ……………… （8）
  （三）贸易差额的国别（地区）结构 …………… （15）
 二 中国对外贸易国别（地区）结构的变化特点及
  原因 ……………………………………………… （19）
  （一）"一带一路"沿线国家贸易潜力得到
    进一步释放 ……………………………… （19）
  （二）美、日等传统贸易伙伴关系遭遇挑战 …… （19）
  （三）与欧盟国家对外贸易发展较为平稳 ……… （20）
 三 未来中国对外贸易国别（地区）结构变化的
  趋势预测 ………………………………………… （20）
  （一）中国对外贸易国别（地区）结构的影响
    因素 ……………………………………… （20）
  （二）中国未来对外贸易国别（地区）结构的
    趋势预测 ………………………………… （21）
 四 总结 ……………………………………………… （24）

第二章 中国各地区贸易结构变化趋势及预测 …………… （25）
 一 各地区贸易总额、位次、增速的变化 ………… （26）

二　各地区贸易方式、产品和国别（地区）的分析……（36）
　三　各地区未来贸易结构变化的趋势预测……（49）
　　（一）各地区未来总体贸易结构的变化……（49）
　　（二）各地区未来贸易方式的变化……（51）
　　（三）各地区未来产品结构的变化……（52）
　　（四）各地区未来进出口国别（地区）结构的变化……（52）
　四　本章总结……（53）

第三章　中国货物贸易结构变化趋势及预测……（55）
　一　出口货物结构的基本特征……（56）
　　（一）中国出口的货物结构分析……（56）
　　（二）重点货物出口结构及国别（地区）分布……（58）
　二　货物进口结构的基本特征……（80）
　　（一）中国进口的货物结构分析……（81）
　　（二）重点货物出口结构及国别（地区）分布……（82）
　三　货物贸易差额的结构分析……（108）
　　（一）贸易差额的基本情况……（108）
　　（二）重点货物贸易差额的结构分析……（110）
　四　趋势预测：中国货物贸易结构变化的另一
　　　视角……（117）
　　（一）货物贸易结构的阶段划分与变化动因……（121）
　　（二）从价值链层面的判断……（127）
　　（三）基于新冠肺炎疫情的几点趋势判断……（129）

第四章　中国服务贸易结构变化趋势及预测……（131）
　一　全球服务贸易总额及行业结构变化……（132）
　　（一）全球服务贸易总体变化趋势……（133）
　　（二）全球服务贸易行业结构及变化趋势……（136）
　二　服务总值贸易进出口结构的国际比较……（140）

（一）中国与主要国家服务总值贸易出口行业结构
比较 …………………………………………………（140）
（二）中国与主要国家服务总值贸易进口行业
结构比较 ……………………………………………（143）
（三）中国服务总值贸易逆差的行业解构及国际
比较 …………………………………………………（145）
（四）中国与主要国家服务进出口贸易模式比较 ……（147）
三 服务增加值贸易进出口结构的国际比较 …………（149）
（一）中国服务增加值进出口结构变化 ………………（150）
（二）服务增加值出口结构的国际比较 ………………（151）
（三）中国增加值服务贸易顺差的行业及国家
解构 …………………………………………………（153）
四 预测 …………………………………………………………（154）
（一）服务贸易影响因素分析 …………………………（154）
（二）中国服务贸易结构变化的趋势预测 ……………（158）
五 结论 …………………………………………………………（159）

第五章 中国贸易方式结构变化趋势及预测 …………………（161）
一 贸易方式结构变化 …………………………………………（162）
（一）总体贸易方式结构变化 …………………………（162）
（二）基于企业性质的贸易结构变化 …………………（166）
（三）基于产品类型的贸易结构变化 …………………（170）
二 贸易方式结构变化趋势展望 ………………………………（176）
（一）出口贸易方式结构展望 …………………………（176）
（二）进口贸易方式结构展望 …………………………（180）

第六章 中国贸易结构的发展趋势及政策建议 …………（184）

参考文献 …………………………………………………………（193）

第一章　中国国别（地区）贸易结构变化趋势及预测[*]

本章考察近年来中国对外贸易国别（地区）结构的变化趋势，并对未来国别（地区）贸易结构的变化进行预测。通过对中国出口贸易的国别（地区）结构的研究表明，2001年以来美国、日本和中国香港是中国最重要的出口目的地，欧盟在中国出口市场中所占比重较为稳定，"一带一路"沿线国家在中国总出口中所占比重持续上升。通过对中国进口贸易的国别（地区）结构的分析发现，2001年以来中国进口来源地集中度呈下降趋势。通过对中国进口贸易差额的国别（地区）结构的研究发现，中国的贸易顺差主要来源于美国、中国香港等国家和地区；贸易逆差主要来源于中国台湾、澳大利亚等国家和地区。在此基础上本章进一步分析了中国对外贸易国别（地区）结构的变化特点及其原因。

基于近年来国别（地区）贸易结构的发展趋势，本章对未来国别（地区）贸易结构的变动趋势进行预测。首先，影响中国对外贸易国别（地区）结构的主要因素包括短期内的疫情防控进展、中长期内的国际关系变化以及人民币汇率波动等不确定因素；其次，从中长期来看，东盟国家、"一带一路"沿线国家将在中国对外贸易中占据越来越重要的地位，欧盟国家仍将

---

[*] 本章作者为石先进（中国社会科学院世界经济与政治研究所助理研究员）、文俊（太原师范学院经济系讲师）。

维持较为稳定的发展势头，美国、日本等传统贸易伙伴将受到各种不确定因素的影响。

一 中国对外贸易的国别（地区）结构分析

（一）出口贸易国别（地区）结构

2001年以来，美国、中国香港、日本是中国前三大出口目的地，如图1.1与表1.1所示，结构变化如下。

一是出口到日本的货物占比在持续下降，从2001年的14.9%下降到2019年的5.7%，2007年以前下降速度较快。

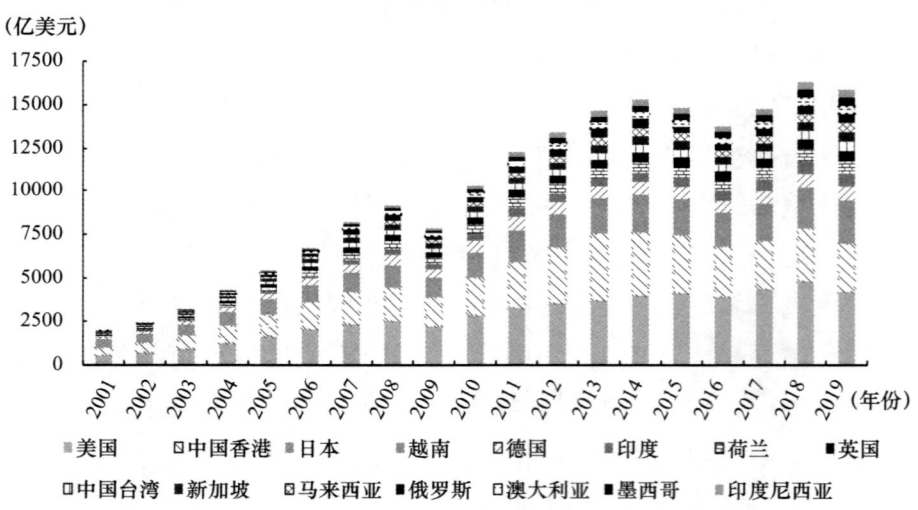

图1.1 中国货物出口的国别（地区）规模

资料来源：ITC。

二是出口到美国的货物占比变化分为四个明显阶段：第一阶段（2001—2006年）稳定在21%左右；第二阶段（2007—2013年）逐渐下降到2013年的16.7%，该阶段受国际金融危机的影响；第三阶段（2014—2018年）逐渐上升到2018年的19.2%，该阶段受益于美国经济复苏；第四阶段（2019年至今），这一阶段的标示性事件为中美经贸摩擦，但对贸易的影响在2019年逐渐显示出来，2019年中国出口到美国的产品占比从2018年的19.2%下降到16.8%。

三是出口到中国香港地区的货物占比变化分为明显的三个阶段：第一阶段（2001—2008年）出口占比显著下降，从18%左右下降至13.3%；第二阶段（2009—2013年）出口占比显著上升；第三阶段为（2013年至今）出口占比进一步下降，从2013年的17.4%下降到2019年的11.2%。

四是增幅较大的国家有越南（从2001年的0.7%上升到2019年的3.9%，表述方式下同）、印度（从0.8%上升到3%）、墨西哥（从0.7%上升到1.9%）、印度尼西亚（从1.1%上升到1.8%），德国在2013年后与之前相比下降了1.3%，随后保持在3%水平。

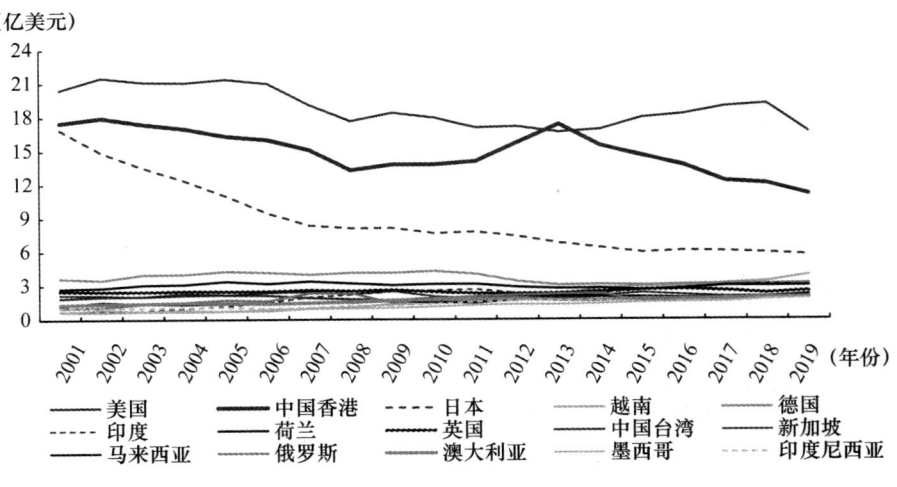

图1.2 中国货物出口的国别（地区）结构

资料来源：ITC。

根据中国货物出口的国别（地区）结构（图1.2）所示，会发现：

一是中国出口到"一带一路"沿线国家的货物占比持续上升，从2001年的14.8%上升到2019年的30.9%。"一带一路"沿线国家中的出口主力是东盟10国，出口总量占比从2001年的6.9%上升到2019年的14.4%，东盟10国中的主要贡献力量是越南、新加坡、泰国、印度尼西亚、马来西亚、菲律宾，其中越南上升较快，如图1.5。

二是"一带一路"沿线国家中，出口到西亚18国的占比位居第二位，2019年出口占5.8%（见表1.3），第三位是南亚8国，2019年共占4.6%。

三是出口到欧洲6国（德国、荷兰、英国、意大利、法国、西班牙）的产品中，占比最多的是德国和荷兰，2001年以来该地区占比保持相对稳定，没有大幅变化。

四是出口到美洲地区的货物的主要去向为美国，2019年出口到美国的货物占总出口的16.8%。

表1.1　　　　　中国出口的国别（地区）规模　　　　单位：10亿美元

	2014年	2015年	2016年	2017年	2018年	2019年	2020年（1—8月）
世界	2342.75	2274.95	2098.15	2263.52	2487.40	2499.03	1571.64
欧盟	370.88	355.88	339.05	372.04	408.63	428.70	244.96
德国	72.71	69.16	65.21	71.14	77.55	79.77	54.82
法国	28.71	26.75	24.66	27.67	30.68	32.99	23.27
意大利	28.76	27.84	26.36	29.17	33.17	33.50	20.95
荷兰	64.93	59.46	57.45	67.14	72.85	73.96	48.30
英国	57.14	59.58	55.69	56.72	56.56	62.41	42.53
美国	396.08	409.54	385.08	429.75	478.42	418.67	266.06
东盟	272.07	277.49	255.99	279.12	319.24	359.42	232.69
印度尼西亚	39.06	34.34	32.12	34.76	43.21	45.64	25.34
马来西亚	46.36	43.99	37.66	41.72	45.40	52.13	33.26
菲律宾	23.47	26.67	29.83	32.04	35.06	40.75	24.86
新加坡	48.91	52.01	44.48	45.02	49.17	54.73	36.16

续表

	2014年	2015年	2016年	2017年	2018年	2019年	2020年（1—8月）
31.91	泰国	34.30	38.29	37.19	38.71	42.89	45.59
中国香港	363.19	330.84	287.72	279.35	302.07	278.95	160.83
日本	149.44	135.67	129.26	137.32	147.08	143.27	90.92
韩国	100.34	101.30	93.71	102.75	108.79	111.00	70.80
中国台湾	46.28	44.90	40.37	43.99	48.65	55.08	37.73
澳大利亚	39.15	40.32	37.29	41.44	47.34	48.20	32.09
俄罗斯	53.68	34.78	37.33	42.90	47.98	49.74	31.09
巴西	34.89	27.42	21.98	28.96	33.67	35.54	19.96
印度	54.22	58.24	58.39	68.06	76.71	74.83	38.48
南非	15.70	15.86	12.85	14.82	16.25	16.54	8.88
加拿大	30.01	29.43	27.31	31.38	35.16	36.92	25.03
新西兰	4.74	4.92	4.76	5.10	5.78	5.74	3.62

资料来源：中国海关总署。

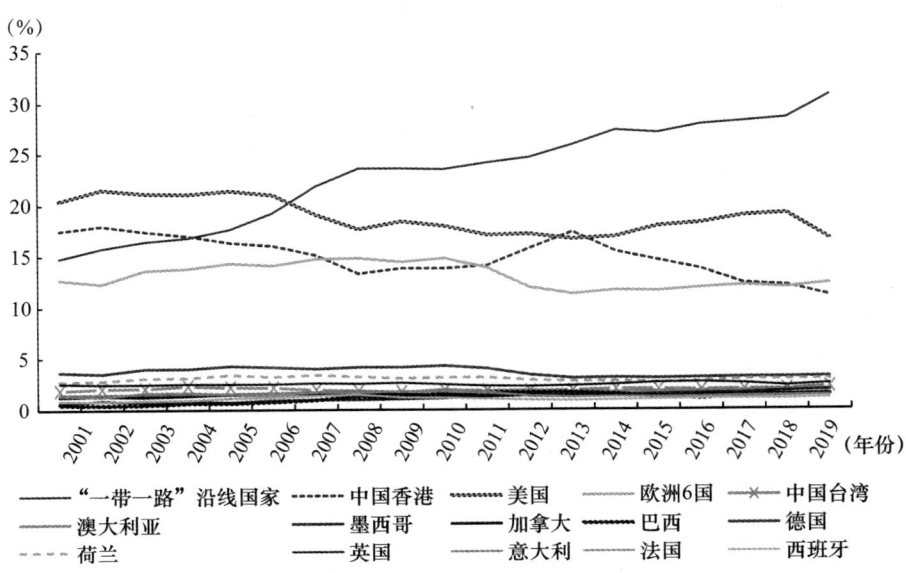

图1.3　中国货物出口地区占比（按国别和地区）

资料来源：ITC。

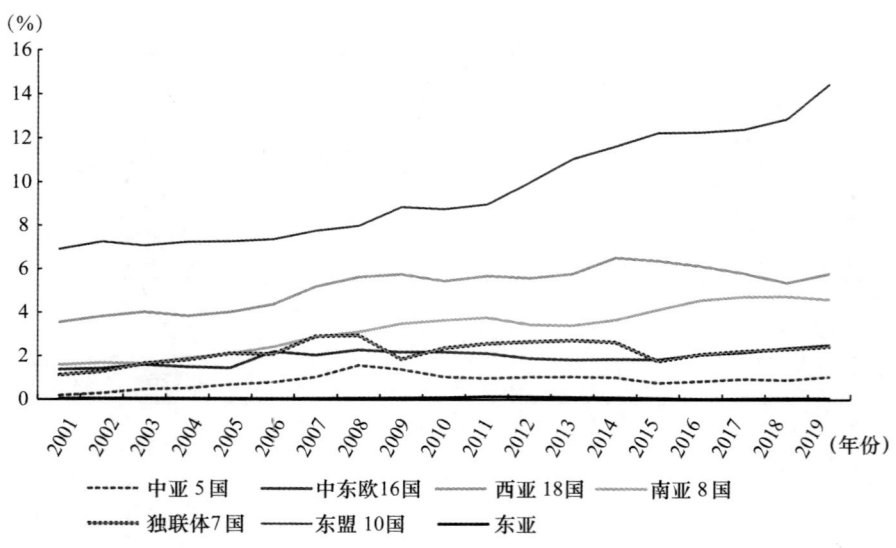

图 1.4 中国对"一带一路"沿线国家出口占比

资料来源：ITC。

表 1.2　　　　　　中国对东盟 10 国出口结构　　　　　　单位：%

	2013 年	2014 年	2015 年	2016 年	2017 年	2018 年	2019 年
东盟 10 国总计	11.2	11.7	12.3	12.2	12.3	12.8	14.4
越南	2.2	2.7	2.9	2.9	3.2	3.4	3.9
新加坡	2.1	2.1	2.3	2.2	2.0	2.0	2.2
马来西亚	2.1	2.0	1.9	1.8	1.8	1.8	2.1
印度尼西亚	1.7	1.7	1.5	1.5	1.5	1.7	1.8
泰国	1.5	1.5	1.7	1.8	1.7	1.7	1.8
菲律宾	0.9	1.0	1.2	1.4	1.4	1.4	1.6
缅甸	0.3	0.4	0.4	0.4	0.4	0.4	0.5
柬埔寨	0.2	0.1	0.2	0.2	0.2	0.2	0.3
老挝	0.1	0.1	0.1	0	0.1	0.1	0.1
文莱	0.1	0.1	0.1	0	0	0.1	0

资料来源：ITC。

中国对外贸易报告（2019—2020） 7

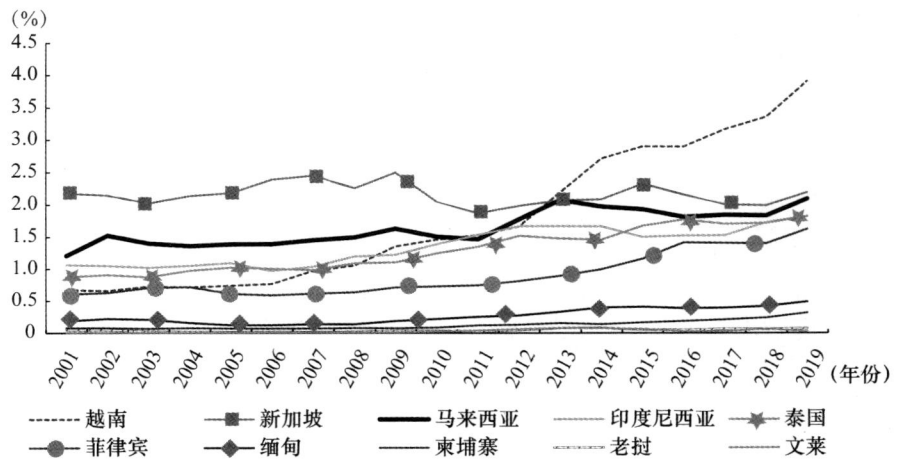

图 1.5 中国对东盟 10 国的出口结构

资料来源：ITC。

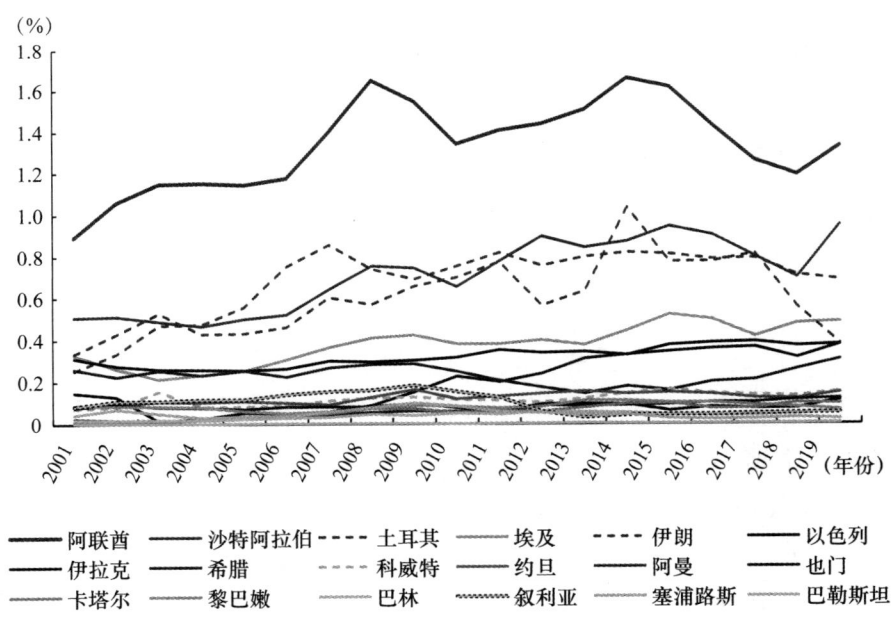

图 1.6 中国对西亚的出口结构

资料来源：ITC。

表 1.3　　　　　　　　　　中国对西亚出口结构　　　　　　　　单位：%

	2013 年	2014 年	2015 年	2016 年	2017 年	2018 年	2019 年
西亚 18 国总计	5.8	6.5	6.4	6.1	5.8	5.4	5.8
阿联酋	1.5	1.7	1.6	1.4	1.3	1.2	1.3
沙特阿拉伯	0.9	0.9	1.0	0.9	0.8	0.7	1.0
土耳其	0.8	0.8	0.8	0.8	0.8	0.7	0.7
埃及	0.4	0.5	0.5	0.5	0.4	0.5	0.5
伊朗	0.6	1.0	0.8	0.8	0.8	0.6	0.4
以色列	0.4	0.3	0.4	0.4	0.4	0.4	0.4
伊拉克	0.3	0.3	0.4	0.4	0.4	0.3	0.4
希腊	0.2	0.2	0.2	0.2	0.2	0.3	0.3
科威特	0.1	0.2	0.2	0.1	0.1	0.1	0.2
约旦	0.2	0.1	0.2	0.1	0.1	0.1	0.2
阿曼	0.1	0.1	0.1	0.1	0.1	0.1	0.1
也门	0.1	0.1	0.1	0.1	0.1	0.1	0.1
卡塔尔	0.1	0.1	0.1	0.1	0.1	0.1	0.1
黎巴嫩	0.1	0.1	0.1	0.1	0.1	0.1	0.1
巴林	0.1	0.1	0	0	0	0.1	0.1
叙利亚	0	0	0	0	0.1	0.1	0.1

注：由于塞浦路斯和巴勒斯坦的数值很小，保留一位小数时为 0，所以表中不再呈现。

资料来源：ITC。

（二）进口贸易国别（地区）结构

2001 年以来，中国产品进口来源分布相对出口而言集中度在逐渐下降，2001 年，从日本的进口占 17.6%、中国台湾占 12%、美国占 10.8%、韩国占 9.6%、德国占 5.7%。2001 年后中国的进口国别和区域占比更为分散化，从日本的进口大幅下降，2019 年下降到了 2001 年的一半左右，从美国、中国台湾以及韩国的进口占比都有所下降，受中美经贸摩擦影响，对美国的进口占比从 2017 年的 8.4% 下降到了 2019 年的 6%。进口占比上升的国家是澳大利亚（从 2% 上升到 5.8%）、巴西（从 1% 上升到 3.8%）、越南（从 0.4% 上升到 3.1%），如表 1.4、图

1.7、图1.8所示。具体来看：

一是从"一带一路"沿线国家进口的产品占比最大，且2001年以来在持续攀升。如图1.9所示。2001年以来从该地区的进口占总进口的19%，2019年上升到了28%。在"一带一路"沿线国家中，进口占比最大的是东盟10国，如图1.10以及表1.5所示，从2001年的9.5%上升到了2019年的13.6%，其中2001年以来进口占比最大的是马来西亚，维持在3%左右，其次是泰国维持在2%左右，但近年来由于从越南进口占比上升最快，2019年越南以3.1%位居第二，泰国以2.2%位居第三。进口占比下降的有：新加坡进口占比从2005年的2.6%下降到2013年的1.5%，随后在1.5%左右保持较为稳定的趋势。菲律宾则从2007年的2.4%下降到2019年的1%，印度尼西亚则在1.5%附近波动。在"一带一路"沿线国家中，进口占比位居第二位的是西亚18国，如图1.10以及表1.6所示，从该地区的进口占比也在持续上升，从2001年的3.9%上升到了2019年的7.7%，中国从这些国家主要进口原油及矿产资源等产品，2014年前后油价开始下降，中国从这些国家的进口价值的比重也随之回落，这些国家中的主要进口对象是沙特阿拉伯、伊朗，其中伊朗自2011年以来有下降趋势。

二是与中国香港和中国台湾的贸易结构有明显的非对称特征，中国香港作为中国内地转口出口贸易的要塞，2001年以来对该地区出口占比超过10%，但从该地区进口占比不到1%。对中国台湾的出口保持在2%左右，但对该地区进口一直超过8%，但2001年以来在持续下降。

三是中国从欧洲5国的进口占比较为稳定，其中占比最大的为德国，如表1.4所示。

四是在美洲地区，中国主要的进口国为美国和巴西。2001年中国从美国的进口占10.8%，随后一直下降到2011年的7.1%，2012年开始又逐渐上升到2015年的9%左右，2016年开始又呈下降趋势,中美经贸摩擦加速了这一下降过程。中国从巴西的进口占比呈上升趋势,2001年为1%,2019年上升到3.8%。

五是从澳大利亚的进口呈上升趋势,从2001年的2.2%上升到了2019年的5.8%。

表1.4　　　　　　　中国进口的国别和区域规模　　　　单位:10亿美元

	2014年	2015年	2016年	2017年	2018年	2019年	2020年(1—8月)
世界	1960.29	1681.95	1587.42	1840.98	2135.64	2077.10	1282.58
欧盟	244.25	208.88	207.97	244.87	273.53	276.60	156.00
德国	105.04	87.62	86.07	96.95	106.33	105.11	63.15
法国	27.09	24.66	22.48	26.79	32.22	32.58	17.24
意大利	19.29	16.85	16.70	20.43	21.06	21.41	12.98
荷兰	9.35	8.79	9.79	11.24	12.33	11.21	8.39
英国	23.73	18.94	18.65	22.31	23.88	23.90	12.73
美国	159.04	148.74	134.40	153.94	155.10	122.71	78.24
东盟	208.32	194.68	196.22	235.70	268.63	282.04	183.86
印度尼西亚	24.52	19.89	21.39	28.55	34.16	34.06	23.27
马来西亚	55.66	53.30	49.21	54.30	63.22	71.83	46.80
菲律宾	20.98	18.98	17.37	19.23	20.61	20.21	11.53
新加坡	30.83	27.56	25.95	34.22	33.72	35.22	20.56
泰国	38.38	37.17	38.68	41.58	44.63	46.16	30.66
中国香港	12.90	12.77	16.85	7.32	8.49	9.09	4.10
日本	163.00	142.99	145.53	165.65	180.58	171.76	109.23
韩国	190.15	174.52	158.87	177.51	204.64	173.57	108.94
中国台湾	152.03	143.31	139.22	155.39	177.60	173.00	121.19
澳大利亚	97.75	73.64	70.67	94.82	105.45	121.43	75.73
俄罗斯	41.61	33.28	32.23	41.20	59.08	61.05	37.54
巴西	51.69	44.17	45.74	58.59	77.51	79.80	54.54
印度	16.37	13.38	11.76	16.34	18.84	17.99	13.20
南非	44.59	30.18	22.49	24.35	27.30	25.92	12.01
加拿大	25.21	26.25	18.31	20.37	28.38	28.16	14.18
新西兰	9.51	6.58	7.14	9.38	11.08	12.56	8.24

资料来源:中国海关总署。

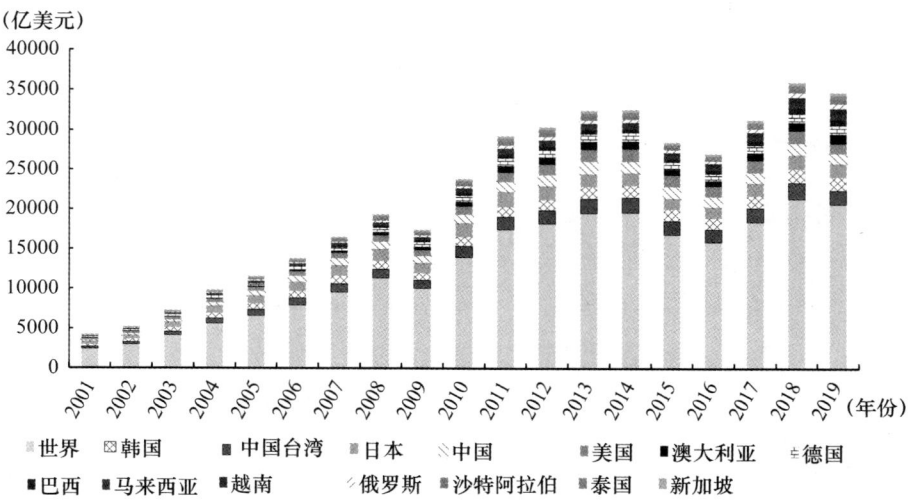

图1.7 中国进口的国别（地区）规模（前15位）

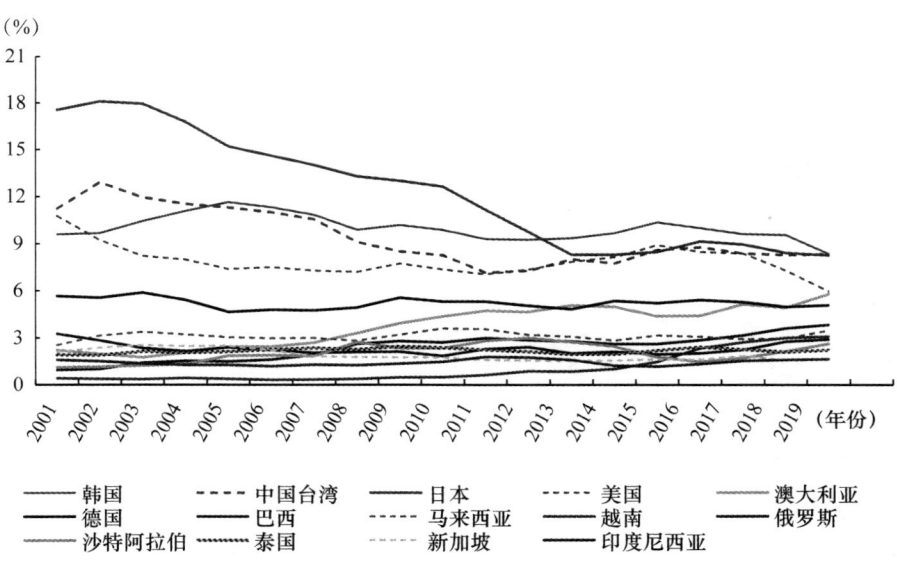

图1.8 中国进口的国别和地区结构

资料来源：ITC。

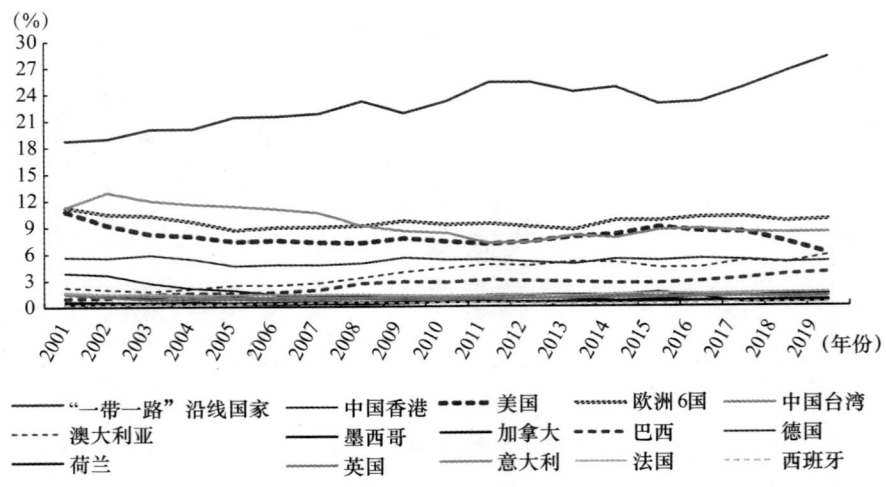

图1.9 中国进口地区占比（按国别和地区）

资料来源：ITC。

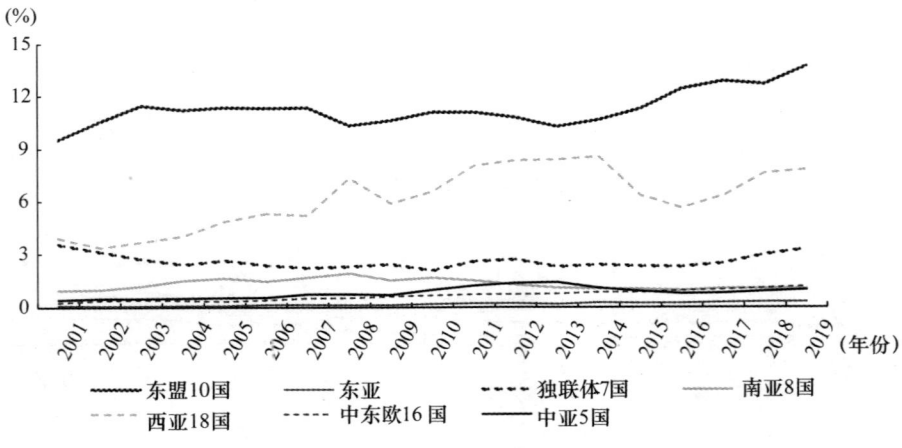

图1.10 中国进口的国别和地区结构

资料来源：ITC。

中国对外贸易报告(2019—2020) 13

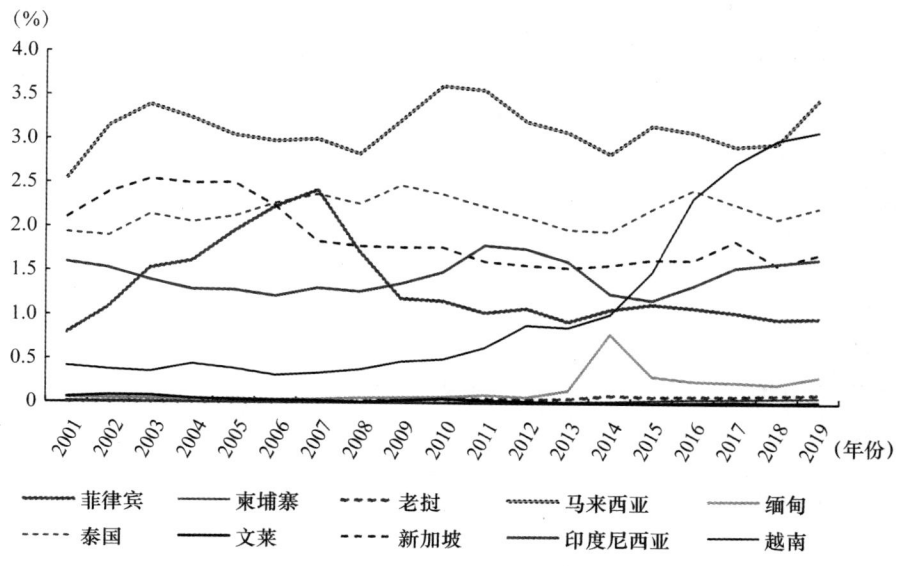

图1.11 中国从东盟10国的货物进口占比

资料来源：ITC。

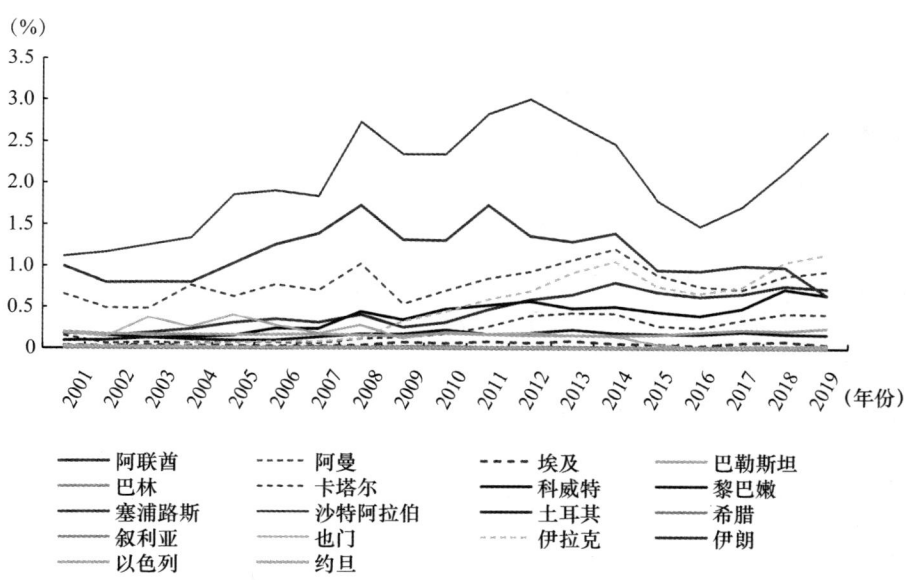

图1.12 中国从"一带一路"沿线国家中进口较多的国别（地区）结构

资料来源：ITC。

表 1.5　　中国从东盟 10 国的进口结构　　单位：%

	2013 年	2014 年	2015 年	2016 年	2017 年	2018 年	2019 年
东盟 10 国	10.2	10.6	11.3	12.4	12.8	12.6	13.6
菲律宾	0.9	1.1	1.1	1.1	1.0	1.0	1.0
柬埔寨	0	0	0	0.1	0.1	0.1	0.1
老挝	0.1	0.1	0.1	0.1	0.1	0.1	0.1
马来西亚	3.1	2.8	3.2	3.1	2.9	3.0	3.5
缅甸	0.1	0.8	0.3	0.3	0.2	0.2	0.3
泰国	2.0	2.0	2.2	2.4	2.3	2.1	2.2
文莱	0	0	0	0	0	0	0
新加坡	1.5	1.6	1.6	1.6	1.9	1.6	1.7
印度尼西亚	1.6	1.2	1.2	1.3	1.5	1.6	1.6
越南	0.9	1.0	1.5	2.3	2.7	3.0	3.1

资料来源：ITC。

表 1.6　　中国从西亚 18 国的进口结构　　单位：%

	2013 年	2014 年	2015 年	2016 年	2017 年	2018 年	2019 年
西亚 18 国	8.32	8.50	6.30	5.59	6.28	7.54	7.74
沙特阿拉伯	2.74	2.48	1.79	1.49	1.72	2.15	2.62
伊拉克	0.92	1.06	0.75	0.67	0.75	1.05	1.15
阿曼	1.08	1.21	0.90	0.75	0.72	0.88	0.94
阿联酋	0.56	0.80	0.69	0.63	0.66	0.76	0.73
科威特	0.49	0.51	0.44	0.40	0.49	0.72	0.65
伊朗	1.30	1.40	0.95	0.94	1.01	0.99	0.65
卡塔尔	0.43	0.43	0.27	0.25	0.35	0.43	0.42
以色列	0.16	0.16	0.17	0.20	0.23	0.22	0.25
土耳其	0.23	0.19	0.18	0.17	0.20	0.18	0.17
埃及	0.09	0.06	0.05	0.03	0.07	0.09	0.05
也门	0.16	0.15	0.05	0.01	0.04	0.03	0.04
希腊	0.022	0.018	0.017	0.018	0.023	0.026	0.035

续表

	2013 年	2014 年	2015 年	2016 年	2017 年	2018 年	2019 年
约旦	0.009	0.013	0.017	0.013	0.015	0.010	0.021
巴林	0.016	0.009	0.007	0.004	0.007	0.007	0.009
塞浦路斯	0.003	0.003	0.003	0.003	0.003	0.003	0.003
黎巴嫩	0.002	0.001	0.001	0.001	0.001	0.002	0.001
叙利亚	0.00024	0.00011	0.00021	0.00020	0.00007	0.00004	0.00007
巴勒斯坦	0.00001	0.00000	0.00003	0.00002	0.00001	0.00002	0.00001

资料来源：ITC。

(三) 贸易差额的国别（地区）结构

类似地分析中国产品出口的国别（地区）结构。将各国贸易平衡分为中国外贸顺差与逆差单独分析，如图1.13—图1.16所示，发现：一是中国的主要盈余经济体为美国、中国香港、荷兰、印度，主要赤字经济体为中国台湾、澳大利亚、韩国、巴西，自2013年以来对中国香港的盈余占比在持续下降，对美国的盈余先升后降，2018年以来的下降主要受中美经贸摩擦影响。二是"一带一路"沿线国家中，南亚8国和东盟10国是该地区的主要顺差来源。三是自2001年以来，对中国香港贸易持续盈余，对中国台湾贸易持续赤字。四是欧洲6国中，对德国贸易为赤字，对荷兰、英国、意大利、西班牙贸易为盈余，对法国的贸易平衡近年来有所收窄。

表1.7　　　　　　　　　　中国贸易平衡　　　　　　　　单位：亿美元

	2014 年	2015 年	2016 年	2017 年	2018 年	2019 年	2020 年（1—8月）
世界	382.46	593.00	510.73	422.54	351.76	421.93	289.06
欧盟	126.63	147.00	131.08	127.17	135.10	152.10	88.97
德国	-32.33	-18.46	-20.86	-25.81	-28.79	-25.33	-8.33

续表

	2014年	2015年	2016年	2017年	2018年	2019年	2020年（1—8月）
法国	1.62	2.10	2.18	0.87	-1.54	0.41	6.03
意大利	9.47	10.98	9.66	8.74	12.11	12.09	7.97
荷兰	55.58	50.67	47.66	55.89	60.52	62.75	39.91
英国	33.41	40.65	37.04	34.41	32.68	38.51	29.81
美国	237.05	260.80	250.68	275.81	323.33	295.96	187.82
东盟	63.75	82.81	59.77	43.42	50.62	77.38	48.83
印度尼西亚	14.54	14.45	10.72	6.21	9.05	11.58	2.07
马来西亚	-9.30	-9.31	-11.55	-12.58	-17.82	-19.69	-13.54
菲律宾	2.49	7.70	12.46	12.81	14.45	20.54	13.32
新加坡	18.09	24.45	18.53	10.80	15.45	19.51	15.60
泰国	-4.08	1.12	-1.49	-2.87	-1.74	-0.56	1.25
中国香港	350.29	318.07	270.88	272.03	293.58	269.86	156.72
日本	-13.55	-7.32	-16.26	-28.33	-33.50	-28.49	-18.31
韩国	-89.81	-73.22	-65.16	-74.76	-95.85	-62.57	-38.14
中国台湾	-105.74	-98.41	-98.84	-111.40	-128.95	-117.92	-83.46
澳大利亚	-58.60	-33.32	-33.38	-53.38	-58.11	-73.23	-43.64
俄罗斯	12.07	1.51	5.11	1.70	-11.11	-11.31	-6.45
巴西	-16.79	-16.75	-23.76	-29.63	-43.84	-44.25	-34.59
印度	37.85	44.86	46.63	51.72	57.87	56.84	25.28
南非	-28.89	-14.32	-9.64	-9.52	-11.05	-9.38	-3.13
加拿大	4.79	3.17	9.00	11.01	6.78	8.76	10.85
新西兰	-4.77	-1.66	-2.38	-4.28	-5.31	-6.82	-4.61

资料来源：中国海关总署。

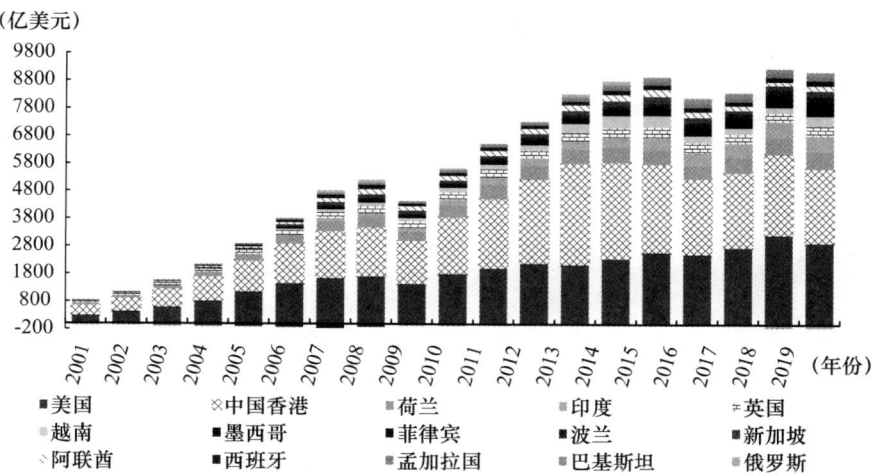

图1.13 中国主要顺差经济体

资料来源：ITC。

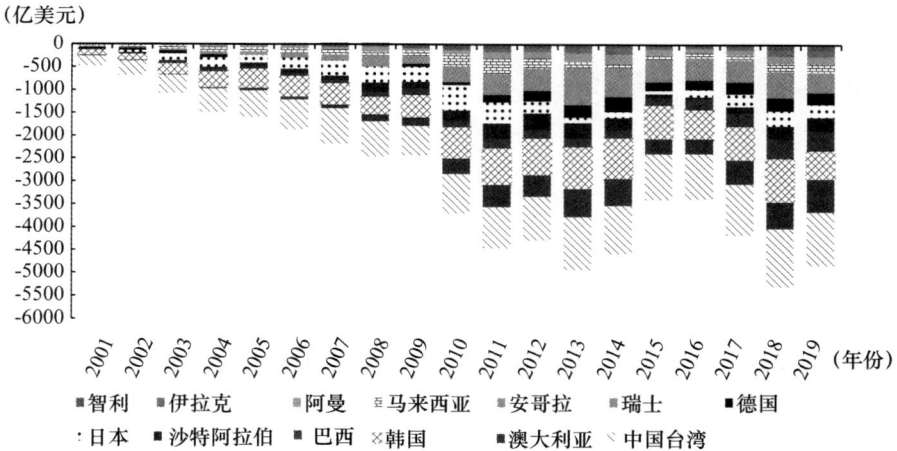

图1.14 中国主要逆差经济体

资料来源：ITC。

18 国家智库报告

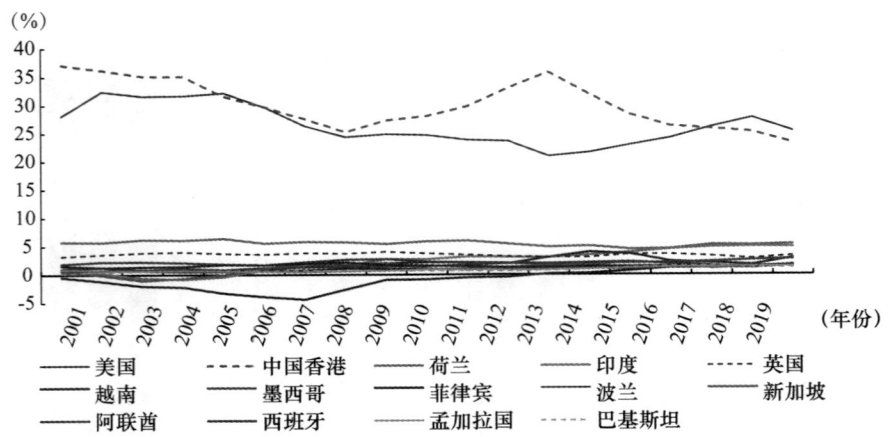

图 1.15 中国顺差来源的国别（地区）结构

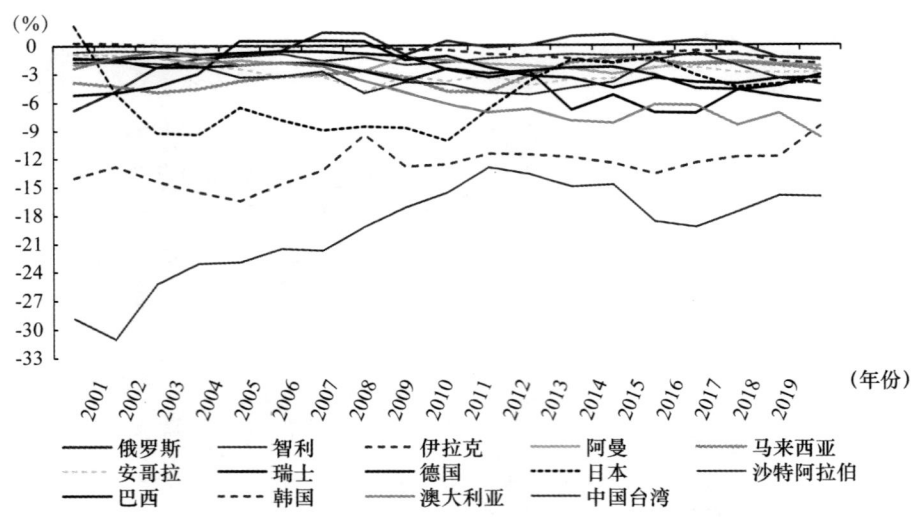

图 1.16 中国逆差来源的国别（地区）结构

资料来源：ITC。

二 中国对外贸易国别（地区）结构的变化特点及原因

（一）"一带一路"沿线国家贸易潜力得到进一步释放

从出口贸易的国别（地区）结构来看，中国对"一带一路"沿线国家的出口比重呈现逐年上升的趋势，"一带一路"国家在中国总出口中的比重由2001年的14.8%上升至2009年的30.9%，其中最主要的出口目的地是东盟国家，其次是西亚国家；从进口贸易的国别（地区）结构来看，"一带一路"沿线国家也逐渐成为中国最重要的进口来源地，从2001年开始来自"一带一路"沿线国家的进口占比逐年上升，从2001年的19%上升至2019年的28%，与出口国别（地区）结构相似，东盟国家和西亚国家共同构成"一带一路"沿线国家中中国进口市场的主体。这其中的原因主要有：第一，随着"一带一路"框架的不断完善与发展，不断推动双边和多边的合作机制、共建互利共赢的合作平台，中国与"一带一路"沿线国家间的经贸关系将继续得到加强；第二，多数"一带一路"沿线国家参与全球化程度不深、基础设施建设水平不高，这为其发展经贸关系带来挑战的同时也带来一定机遇，同时数字贸易、公共安全卫生领域的发展也成为中国与"一带一路"沿线国家之间贸易潜力新的释放点。

（二）美、日等传统贸易伙伴关系遭遇挑战

从进出口总额比重的角度来看，美国和日本长期以来都是中国重要的贸易伙伴，进出口占比多年位居前列，但是近年来随着世界市场形势的发展变化以及中美经贸摩擦的愈演愈烈，这一现象开始发生转变。首先，中国对日本的出口比重从2001年的14.9%下降至2019年的5.7%，对美国的出口也出现小幅

的下降趋势。其次，中国从日本的进口自2001年起经历了大幅的下降，下降幅度达到一半左右，中国从美国的进口则呈现波动中下降的趋势。2001年中国从美国的进口占比为10.8%，到2011年下降为7.1%，在经历了短暂的上升之后又开始呈现下降趋势，并且中美经贸摩擦加速了这一下降过程。这其中的原因主要有：一是中国对外贸易长期保持较大顺差，导致与主要贸易伙伴之间经贸摩擦不断；二是发达国家对于中国进口高技术产品的限制导致中国进口需求和潜力难以得到进一步的满足和释放；三是传统的总值贸易核算方法导致的对于中国进出口附加值的高估，使得中国的贸易差额被夸大。在国际和国内政治和经济等多重因素的共同作用之下，导致中国与美、日等传统贸易伙伴关系正面临诸多挑战。

（三）与欧盟国家对外贸易发展较为平稳

自2001年以来，欧洲地区在中国进出口贸易中所占比重一直较为稳定，没有大幅的波动，其中占比较大的国家主要有德国、荷兰等。这其中主要的原因是：首先，与美国、日本相比，欧盟经济发展更为平稳、经济总量巨大且其内部人员、商品、资金的高度自由流动，都表明欧盟已成为一个极具潜力的市场，因此中欧经贸往来呈现持续平稳发展的势头。其次，中欧经贸关系在中国近年来对外贸易政策中所扮演的角色也越来越重要，中欧班列的不断开通和运行、各种经贸高层对话和互联互通平台的建设都将从政策和机制方面维护中欧经贸关系的稳定健康发展。

三 未来中国对外贸易国别（地区）结构变化的趋势预测

（一）中国对外贸易国别（地区）结构的影响因素

第一，短期内中国外贸出口仍继续看好防疫物资，疫情防控仍然不力的地区将是中国防疫物资需求的潜在增长国。这是基于国外市场疫情仍然不可控的判断，尤其是美国、印度等外需大国的疫情防御失控，更为中国防疫物资（主要是防护用品和医疗塑料品）直接或间接出口提供可能性，因为中国该类产品生产在全球有非常大的比较优势。

第二，中长期内，国际关系将是未来中国外贸的重要威胁。一是美国作为中国产品的需求大户，中美关系走势将决定中国外贸的中期趋势。当前全球贸易主要以美元结算，如果美国挑起新的金融制裁，通过SWIFT银行结算系统干预人民币清算，将会严重影响中国外贸发展。二是中国和印度的关系恶化，对中国出口已经造成了明显影响，2020年上半年出口增长的第二大驱动力为集成电路，但对印度的集成电路出口贡献率为负。

第三，人民币汇率因素不确定也使外贸走势的不确定性增加。汇率波动受经济增长因素、中美关系以及投资者信心影响。但近期中美关系走势没有获得实质性进展，2020年7月10日路透社中文网中国财经板块的报道称，中国银行和中国工商银行在做最坏情景预测，正在考虑美元来源被切断或无法进行美元清算的可能性，因为一旦受到美国金融制裁，人民币汇率波动不确定性将会增加，汇率对外贸的影响也会加剧。

第四，中国进口可能会继续增加。尤其是大宗原料、能源、农产品、高科技产品进口可能会继续增加。原因是，在全球出口受挫的情境之下，各国出口商也会有以价格换市场的冲动，商品价格下跌和出口商之间的竞争，也为中国进口提供价格机遇。更重要的是，南方水灾会减损农业收入，因此农产品进口扩张可能会是必然。

（二）中国未来对外贸易国别（地区）结构的趋势预测

从2020年上半年外贸情况看，上半年中国外贸进出口下降了3.2%，但降幅较第一季度明显收窄了3.3个百分点；其中，

6月份当月进出口实现年内首次双双正增长，上半年外贸进出口整体表现好于预期。通过海关总署最近半年来的月度数据判断发现：

第一，中国出口表现改善主要集中于第二季度，主要受真实需求、汇率因素以及通胀因素三重影响。真实需求主要源于防疫物资出口和高科技产品，其中防疫物资是拉动出口的主要因素。（1）外部真实需求方面，2020年上半年主要拉动因素为新冠肺炎防疫用品、集成电路和自动数据处理设备，其中出口增长贡献最大的为新冠肺炎防疫用品，该类产品出口占比从2020年3月的2.7%上升到5月的11.4%，其中口罩、防护服与医疗塑料设备为该类产品的主导，这三类占新冠肺炎防疫用品比重从3月的45.1%上升到5月的73.6%。3月以来，全球疫情防控形势越来越严峻，每日新增确诊总量持续上升，因此未来几个月全球需求增量仍会集中在防疫物资方面，中国的防疫物资出口仍然有利，但其他方面可能还不理想。（2）汇率因素源于1—5月人民币贬值，但对出口增量的贡献表现为受货币换算的影响更大，而本币贬值引起的竞争力因素表现不明显，这是因为4—6月以人民币计价的出口同比增速分别为8.2%、1.4%、4.3%，但以美元计价的出口同比增速分别为3.5%、−3.3%、0.3%。2020年1—6月在岸的美元兑人民币汇率从6.8左右持续上涨到7.1左右。（3）通胀因素源于第一季度中国高通胀，1—2月中国CPI同比增速超过5%，3—4月仍在3%之上，5—6月才落回3%以内，然而美元通胀率一直在0甚至负的水平运行，因此，贸易品即便以同样的美元价格抵达进口国，但受人民币通胀与贬值的双重影响，需要换成更多的人民币。当然本币贬值也利于出口，但5月7.1人民币/美元高位的汇率之下以美元计价的出口反而下降−3.3%，由于"J"形曲线效应，贬值引起的出口利好因素还没完全发挥作用。

第二，进口方面改善受真实需求因素、价格因素以及政策因素影响。(1) 国内疫情防控给力使真实需求上升：疫情防控成效显著驱动国内需求和投资者信心回升。由于国内疫情防控成效显著，复工复产推进经济回暖步伐，采购经理人（PMI）指数连续回升，推动国内产品和投资需求的增加，从而对能源、上游原材料、机电、汽车等产品的进口需求增加。(2) 由于进口品价格下跌为扩大产品进口提供机会。2020年以来疫情对全球需求的冲击以及原油出口国的地缘政治博弈，对全球贸易造成了全局性影响，全球出口商或许会以较低的价格换取出口数量和出口市场份额，尤其是能源等大宗商品价格大幅下跌，因此进口产品价格下行为中国进口提供机会。(3) 中国主动扩大进口的政策效率显著。2020年5月以来商务部持续推出积极的进口政策措施，鼓励先进技术、设备和关键零部件、短缺能源资源品、农产品食品进口，简化进口审批流程，缩短通关时间，以保障国内重要产品供应、推动国内产业转型升级。

第三，东盟进出口延续增长态势，东盟成为中国第一大贸易伙伴。上半年，中国对东盟进出口2.09万亿元，增长5.6%，占中国外贸总值的14.7%；对欧盟进出口1.99万亿元，下降1.8%；对美国进出口1.64万亿元，下降6.6%。此外，中国对"一带一路"沿线国家进出口4.2万亿元，微降0.9%，降幅比整体低2.3个百分点。因此，未来"一带一路"沿线国家将会是中国出口扩张的主要因素。一方面，在"一带一路"框架下，中国将继续与这些国家构建良好的经贸关系，互利共赢地共建平台；另一方面，这些国家的发展潜力较大，尤其是东盟国家。

从长期的视角来看，中国对外贸易发展仍具有较大潜力，未来一段时期内仍将成为国内经济增长和世界经济平稳发展的重要影响因素，但其内部国别贸易结构将发生一定程度的改变。一方面，由于中美经贸关系不确定性的增加、"一带一路"沿线国家和东盟等国家贸易潜力的不断释放，使得中国对外贸易发展所面临的外部环境发生了深刻的变化；另一方面，国内供给侧结构性改革的深化和国际国内双循环相互促进的新发展格局使得中国对外贸易的内部环境逐步发生变化。因此，从长期来看，中国对外贸易国别（地区）结构仍将有进一步多元化、分散化的趋势。

四　总结

第一，政策评价。自新冠肺炎疫情暴发以来，商务部发布了十余项稳外贸、促消费、稳外资、自贸区发展等的相关条例或文件，对外积极保障外资、外贸渠道通畅，对内积极扩大市场以出口转内销承接分散外贸压力。

商务部的亮点政策为出口转内销系列政策，如支持出口产品转内销、简化产品认证、企业办税程序，通过降低企业内销成本、加大内销支持力度、用好产销对接平台以及拓宽线上合作渠道推进出口转内销策略。

该项措施有一定效果，但阻力较大。短期阻力在于贸易转换方面，如贸易平台对接、品牌建设、渠道疏通。长期阻力是居民收入低迷以及贸易方式局限，如定制定做、来料加工、进料加工的产品，国内居民根本不需要，比如来自美国定制国旗或者圣诞礼品的订单。

第二，企业困难所在。首先是在全球范围内的新冠肺炎疫情还呈蔓延态势的背景下，面临防控疫情与经济发展两方面都不能松懈的目标，企业所面临最棘手和最可怕的困难是因市场收缩而导致的资金链断裂，这是关系企业存亡的关键因素，需搭配信贷管理政策和货币政策共同克服。其次是企业家对经济本身的信心。前者直接影响到短期的就业和收入，从而影响到消费市场和经济增长，后者则影响到中长期经济增长潜力。但目前从PMI指数反应来看，疫情防控效果良好，国内企业家投资信心在逐渐回升。

第二章　中国各地区贸易结构变化趋势及预测[*]

本章考察近年来中国各地区贸易结构的变化趋势，并对未来地区贸易结构的变化进行预测。本章首先考察了各地区进出口贸易总额、进出口贸易排名和近年来的贸易增速变化，认为地区总体贸易结构保持相对稳定性，地区贸易的差距有缩小趋势；随后考察各地区贸易方式，发现大部分地区均呈现一般贸易占比上升、加工贸易占比相对下降的趋势，而部分中西部地区加工贸易占比有上升趋势；然后考察各地区产品结构，从产品多样化的角度衡量，各地区出口产品多样化大体呈现上升趋势；最后考察各地区的贸易伙伴的国别（地区）结构，发现区位优势和地区技术水平与贸易伙伴的互补性是决定贸易伙伴国别（地区）结构的重要因素，各地区贸易伙伴有分散化的趋势。

2000年以来，地区贸易结构主要表现为以下趋势：第一，各地区贸易占比保持稳定，中西部地区发展潜力较大；第二，各地区均呈现一般贸易占比增长、加工贸易占比下降的趋势，中西部地区加工贸易发展迅速；第三，各地区均呈现产品多样性和技术含量提升的态势；第四，受区位优势和经济发展水平的影响，地区的国别构成较为稳定，中西部地区与发达国家的贸易有上升趋势。

基于近年来地区贸易结构的发展趋势，本章对未来地区贸易

---

[*] 本章作者为臧成伟（中国社会科学院世界经济与政治研究所助理研究员）。

结构的发展进行预测。总体贸易结构方面，由于供求和贸易政策变化不大，各地区贸易总额的排名将保持大体不变，同时中西部地区的发展潜力将大于东部地区，考虑到中美经贸摩擦和新冠肺炎疫情的影响，对美、英贸易依存度较大的地区，进出口贸易将受到更大影响，曾经疫情较为严重的地区，如湖北省，进出口贸易受到的影响较大，但这一影响不具有长期持续性，中国区域经济发展水平、资源禀赋的多样性，在未来有利于发挥"国内大循环为主体、国内国际双循环相互促进"的新发展格局；地区贸易方式方面，未来将继续遵循一般贸易占比增长、加工贸易占比下降的总体趋势，但西部地区将承担东部地区的产业转移，加工贸易得到迅速发展；产品结构方面，各地区未来的产品多样性和技术含量将持续上升；地区的国别构成方面，由于区位优势和各地区经济发展阶段长期稳定，国别构成在未来具有小幅调整，部分中西部崛起的地区对发达国家的进出口贸易量会上升，而整体而言，各地区对美贸易量呈下降趋势，对东盟、新兴经济体等发展中国家的贸易量增速超过发达国家，贸易伙伴的构成更加分散化。

一 各地区贸易总额、位次、增速的变化

从静态上看，2019年中国出口总额排在前六位的分别是广东、江苏、浙江、山东、上海、福建等东部沿海省（市），这六个省（市）出口总额占全国出口总额的比重高达76.5%。出口总额排在最后六位的分别是青海、西藏、甘肃、宁夏、海南、贵州等中西部省（区），各地区出口总额的分布如图2.1所示。

2019年中国进口总额排在前六位的分别是广东、上海、江苏、山东、浙江、天津等东部沿海省（市），这六个省（市）进口总额占全国进口总额的比重高达69.2%。进口总额排名在后六位的分别是西藏、青海、宁夏、贵州、甘肃、山西等中西

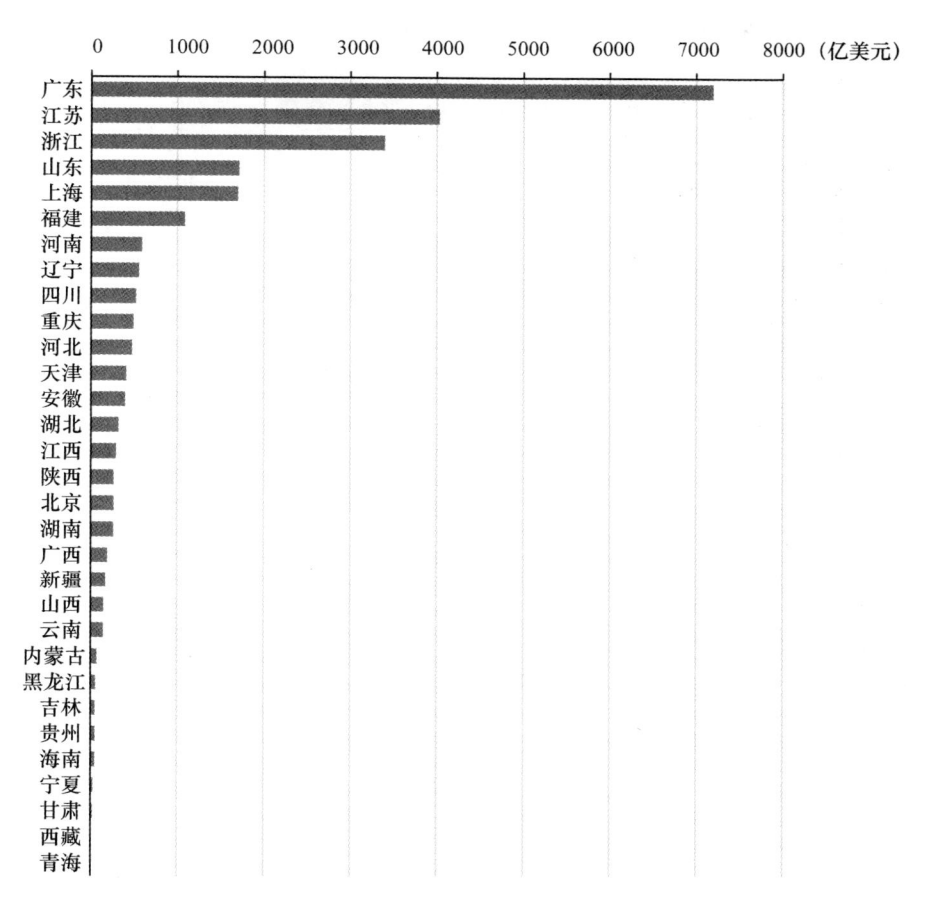

图 2.1　2019 年各地区出口总额

资料来源：万德（Wind）数据库。

部省（区）。各省（区）进口总额的分布如图 2.2 所示。

总体而言，进出口总额的基本态势为：东部沿海地区高于中西部地区，且进出口总额和经济规模高度正相关，因此，开放战略、区位优势和经济发展水平，依然是决定地区贸易格局的主要因素。

从动态看，表 2.1 统计了 2001—2019 年各地区出口总量的位次变化。由该表可知，各地区出口位次变化较为稳定，各地区的位次最多有 1 至 2 位的变化。近五年来，前 6 位地区的位次基本不变，2019 年，只有山东超过上海，上升为第 4 位，其余

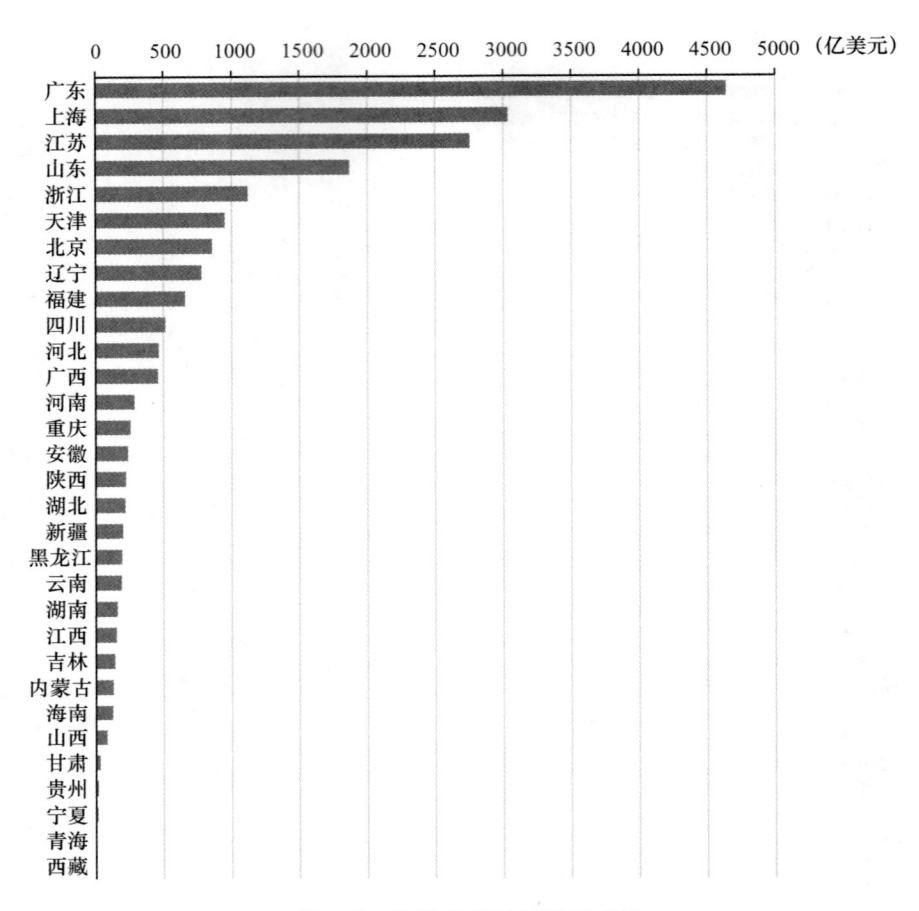

图 2.2　2019 年各地区进口总额

资料来源：万德（Wind）数据库。

表 2.1　　　　　　2001—2019 年各地区出口位次变化

	2019	2018	2017	2016	2015	2014	2013	2012	2011	2010	2009	2008	2007	2006	2005	2004	2003	2002	2001
广东	1	1	1	1	1	1	1	1	1	1	1	1	1	1	1	1	1	1	1
江苏	2	2	2	2	2	2	2	2	2	2	2	2	2	2	2	2	2	2	2
浙江	3	3	3	3	3	3	3	3	3	3	3	4	4	4	4	4	4	3	4
山东	4	5	5	5	5	5	5	5	5	5	5	5	5	5	5	5	5	5	5

续表

	2019	2018	2017	2016	2015	2014	2013	2012	2011	2010	2009	2008	2007	2006	2005	2004	2003	2002	2001
上海	5	4	4	4	4	4	4	4	4	4	4	4	3	3	3	3	3	4	3
福建	6	6	6	6	6	6	6	6	6	6	6	6	6	6	6	6	6	6	6
河南	7	8	7	7	10	11	10	10	11	14	14	13	14	11	13	12	13	14	14
辽宁	8	7	8	8	7	7	7	7	7	7	7	7	8	8	8	8	7	7	7
四川	9	10	12	12	14	12	13	12	12	13	11	16	17	17	17	15	14	12	17
重庆	10	12	11	11	11	9	11	13	16	19	20	22	23	23	23	25	23	23	21
河北	11	9	9	9	9	10	9	9	9	10	10	10	10	10	10	10	10	10	10
天津	12	11	10	10	8	8	8	8	8	8	8	8	7	7	7	7	8	8	8
安徽	13	13	13	13	15	15	15	14	15	16	15	15	15	14	14	14	15	15	13
湖北	14	14	14	15	16	16	16	16	13	11	13	14	16	16	16	16	16	16	15
江西	15	17	16	16	12	14	14	15	14	15	16	19	19	20	22	20	25	24	23
陕西	16	15	17	17	18	19	20	21	22	22	22	21	20	19	19	19	20	19	19
北京	17	16	15	14	13	13	12	11	10	9	9	9	9	9	9	9	9	9	9
湖南	18	18	18	18	17	18	18	18	18	17	18	18	18	18	17	19	19	18	16
广西	19	19	20	20	19	20	22	20	20	21	19	20	21	21	20	21	21	20	20
新疆	20	21	19	19	20	17	17	17	17	12	12	11	11	13	15	18	18	22	25
山西	21	20	21	21	21	22	21	22	21	20	21	12	13	15	11	11	11	11	11
云南	22	22	22	22	22	23	23	24	23	23	24	25	22	24	24	22	24	21	22

续表

	2019	2018	2017	2016	2015	2014	2013	2012	2011	2010	2009	2008	2007	2006	2005	2004	2003	2002	2001
内蒙古	23	23	23	23	24	24	25	25	24	25	23	24	25	25	25	24	22	25	24
黑龙江	24	26	25	24	23	21	19	19	19	18	17	17	12	12	12	13	12	13	12
吉林	25	25	26	25	26	25	24	23	25	24	25	23	24	22	21	23	17	17	18
贵州	26	24	24	26	25	27	26	26	26	27	27	26	26	27	26	26	26	27	27
海南	27	27	27	27	27	26	27	27	27	26	29	28	28	28	28	28	28	26	26
宁夏	28	28	28	28	28	28	29	29	28	28	28	29	29	29	29	29	29	29	29
甘肃	29	29	29	29	29	29	30	30	29	29	29	27	27	26	27	27	27	28	28
西藏	30	30	30	30	30	30	28	28	30	30	30	31	30	31	31	31	31	31	31
青海	31	31	31	31	31	31	31	31	31	31	31	30	31	30	30	30	30	30	30

资料来源：万得（Wind）数据库。

地区排名均不变；2019年后4位地区的位次也未发生变化。

从进口方面来看，2001—2019年各地区进口总量的位次也保持相对稳定。近六年来，进口总量的前4名位次没有发生变化，进口总量的最后2位在西藏和青海之间摇摆，其余各地区位次也保持相对稳定，最多有1至2位的变化。见表2.2。

表2.2 　　　　2001—2019年各地区进口位次变化

	2019	2018	2017	2016	2015	2014	2013	2012	2011	2010	2009	2008	2007	2006	2005	2004	2003	2002	2001
广东	1	1	1	1	1	1	1	1	1	1	1	1	1	1	1	1	1	1	1
上海	2	2	2	2	2	3	3	3	3	3	3	3	3	3	3	3	2	2	2

续表

	2019	2018	2017	2016	2015	2014	2013	2012	2011	2010	2009	2008	2007	2006	2005	2004	2003	2002	2001
江苏	3	3	3	3	3	3	3	2	2	2	2	2	2	2	2	2	3	3	3
山东	4	4	4	4	4	4	4	4	4	4	4	4	4	5	5	5	5	5	5
浙江	5	5	6	6	6	6	5	5	5	5	5	5	5	4	4	4	4	6	6
天津	6	7	7	7	7	7	7	7	7	7	7	7	7	7	7	7	7	8	9
北京	7	6	5	5	5	5	6	6	6	6	6	6	6	6	6	6	6	4	4
辽宁	8	8	8	8	8	8	8	8	8	8	8	8	8	8	8	8	8	9	7
福建	9	9	9	9	9	9	9	9	9	9	9	9	9	9	9	9	8	7	8
四川	10	10	12	13	14	14	13	13	12	11	11	13	15	15	15	15	14	15	15
河北	11	12	11	11	10	10	10	10	10	10	10	10	10	10	10	10	11	10	11
广西	12	11	10	10	11	11	11	11	11	12	12	16	17	17	20	19	22	21	24
河南	13	13	13	12	12	13	12	12	18	20	18	18	20	16	16	17	18	19	16
重庆	14	15	15	14	13	12	15	17	21	27	27	26	26	27	26	25	26	25	23
安徽	15	14	14	15	17	19	17	19	17	14	15	14	14	13	14	14	13	14	17
陕西	16	16	17	18	16	20	22	26	25	25	24	27	27	25	23	23	20	20	19
湖北	17	17	16	17	15	18	19	18	16	15	14	12	12	12	11	12	12	11	10
新疆	18	18	19	20	19	15	14	14	15	18	23	20	22	21	17	16	17	16	14
黑龙江	19	19	23	21	23	17	18	16	14	16	16	11	11	11	12	13	16	12	13
云南	20	20	22	24	24	24	26	25	27	26	25	23	23	19	22	26	25	23	21

续表

	2019	2018	2017	2016	2015	2014	2013	2012	2011	2010	2009	2008	2007	2006	2005	2004	2003	2002	2001
湖南	21	22	20	22	22	23	23	22	22	23	21	25	25	24	18	18	15	18	20
江西	22	23	21	19	21	22	21	21	19	17	19	19	21	20	24	21	21	24	25
吉林	23	21	18	16	18	16	16	15	13	13	13	15	13	14	13	11	10	13	12
内蒙古	24	25	24	25	25	25	24	23	23	21	20	21	19	18	19	20	19	17	18
海南	25	24	25	23	20	21	20	20	20	19	17	17	18	26	27	22	24	22	22
山西	26	26	26	26	26	26	25	24	24	22	22	22	16	22	21	24	23	26	26
甘肃	27	27	27	27	27	28	27	27	26	24	26	24	24	23	25	28	28	27	27
贵州	28	28	28	28	27	28	28	28	28	28	28	28	28	28	28	27	27	28	28
宁夏	29	29	29	29	29	29	29	29	29	29	29	29	29	29	29	29	29	29	29
青海	30	30	31	30	30	30	30	30	30	30	30	30	30	30	30	30	30	30	30
西藏	31	31	30	31	31	31	31	31	31	31	31	31	31	31	31	31	31	31	31

资料来源：万得（Wind）数据库。

从出口增长率上看，2019年受中美经贸摩擦等不利外部环境的影响，青海、甘肃等14个地区出现出口的负增长，其余17个地区实现了出口的正增长，其中增长率最快的是西藏、云南、湖南等地区。受不利外部环境影响，大多数地区出口相较于上年同期均出现增长率降低的趋势，只有西藏、云南、湖南、黑龙江、新疆增长率高于上年同期（见表2.3）。

表2.3　　　　　　　　各地区出口增长率　　　　　　单位：%

	2019年	2018年	增长率差额
青海	-30.00	16.62	-46.62
甘肃	-14.48	42.24	-56.71
陕西	-12.47	27.50	-39.98
山西	-10.71	19.27	-29.99
天津	-10.43	7.98	-18.41
贵州	-9.27	4.38	-13.66
北京	-6.38	6.89	-13.27
上海	-6.19	3.95	-10.13
吉林	-5.60	5.74	-11.34
辽宁	-3.87	17.39	-21.26
江苏	-3.41	11.19	-14.60
河北	-2.92	13.18	-16.11
内蒙古	-1.42	28.56	-29.98
山东	-1.39	10.24	-11.63
湖北	0.63	9.01	-8.37
宁夏	1.17	3.05	-1.87
广东	1.62	4.81	-3.19
河南	2.50	15.42	-12.93
浙江	3.54	12.12	-8.58
福建	3.54	13.87	-10.33
海南	4.36	7.98	-3.62
重庆	8.16	21.52	-13.36
江西	8.35	8.43	-0.09
广西	9.05	22.74	-13.69
安徽	9.23	22.05	-12.82
四川	10.15	35.81	-25.66
新疆	11.62	-5.80	17.42
黑龙江	16.92	-8.96	25.88
湖南	25.20	19.04	6.17
云南	37.49	8.83	28.66
西藏	38.33	7.69	30.63

资料来源：万得（Wind）数据库。

从进口增长率上看，西藏、贵州、甘肃等15个地区出现进口的负增长，其余地区实现了进口的正增长，其中进口增长率最快的地区包括河北、重庆、云南、四川、青海等。相比于上年同期，只有河南、河北、宁夏3个地区进口增长率有所提高，其余地区进口增长率均低于上年同期（见表2.4）。

表2.4　　　　　　　各地区进口增长率　　　　　　单位：%

	2019年	2018年	增长率差额
西藏	-73.64	-2.81	-70.83
贵州	-33.65	-0.21	-33.44
甘肃	-18.84	13.51	-32.35
北京	-13.46	4.16	-17.63
吉林	-12.42	9.85	-22.27
海南	-8.43	44.05	-52.48
江苏	-8.16	14.71	-22.87
广东	-7.85	15.19	-23.04
河南	-3.29	-5.02	1.72
福建	-2.87	11.66	-14.53
山东	-1.92	21.12	-23.04
浙江	-1.25	24.06	-25.32
天津	-0.60	21.03	-21.63
山西	-0.57	17.97	-18.55
上海	-0.41	11.59	-12.01
黑龙江	1.82	65.54	-63.72
辽宁	2.70	20.82	-18.12
陕西	2.78	31.75	-28.98
内蒙古	3.00	23.15	-20.14
安徽	3.95	11.14	-7.19
新疆	4.06	36.76	-32.70
江西	6.63	18.33	-11.69

续表

	2019 年	2018 年	增长率差额
广西	6.82	12.83	-6.02
宁夏	8.82	-21.85	30.67
湖南	9.54	16.89	-7.36
湖北	11.39	14.58	-3.19
青海	13.57	33.13	-19.56
四川	13.58	43.95	-30.38
云南	13.77	42.28	-28.52
重庆	16.35	18.55	-2.20
河北	22.93	0.48	22.45

资料来源：万得（Wind）数据库。

从最近5年的发展趋势看，各地区进出口结构较为稳定，进出口占比和位次没有太大变化，受国内外经济形势影响，大部分地区进出口均有增长率放缓的趋势，其中东部地区增长率放缓的现象更加突出，部分中西部地区增长率受负面冲击的影响较为轻微。

以上分析限于货物贸易，近年来随着经济全球化进程的深入发展，服务贸易在全球贸易中的地位和作用日益重要，因此本章也总结了各地区服务贸易发展状况。受服务贸易数据可获得性所限，仅收集到部分地区2018年的数据。2018年14个地区服务贸易的总额和排名如表2.5所示。

表2.5　　　　　各地区服务贸易总额及变化趋势

	2018年服务贸易金额（万美元）	2018年服务贸易排名	2018年增长率（%）
广东	137151514.9	1	12.8
北京	106289000.0	2	9.7
山东	40609204.0	3	15.1

续表

	2018年服务贸易金额（万美元）	2018年服务贸易排名	2018年增长率（%）
上海	19750000.0	4	1.0
浙江	5764545.9	5	83.4
天津	1810000.0	6	-42.2
安徽	724631.0	7	4.3
河南	619530.3	8	-0.7
山西	567184.4	9	50.6
江西	422950.8	10	6.7
新疆	350869.7	11	16.8
海南	286839.9	12	16.8
贵州	200907.4	13	13.8
青海	101806.2	14	208.5

资料来源：根据历年中国商务年鉴整理。

根据表2.5中服务贸易的数据，对比各地区经济规模、货物贸易数据可知，各地区服务贸易金额和货物贸易以及经济规模正相关，但服务贸易和货物贸易的位次在部分省份存在较大差异。其中广东无论服务贸易还是货物贸易均排名第一，而北京服务贸易的排名远高于货物贸易排名，超过了山东、上海、浙江等地区；河南的服务贸易排名则显著低于货物贸易排名，排在了天津、安徽之后。从2018年服务贸易的变化趋势看，14个地区除天津、河南之外，均呈增长趋势，其中青海、浙江、山西等地区增速较快。

二 各地区贸易方式、产品和国别（地区）的分析

从贸易方式上看，2019年进出口总额中一般贸易占比最大的地区为青海、河北、北京、吉林、黑龙江等，占比最小的地

区为四川、重庆、海南、新疆、西藏等，共有15个地区一般贸易占比下降。一般贸易占比与经济发展水平呈倒"U"形关系，即经济发展水平较高和较低的地区，一般贸易占比较高；而经济发展水平中等的地区，一般贸易占比较低。一般贸易占比出现下降的地区，往往是一般贸易占比已经较高的地区（见表2.6）。

表2.6　2008—2019年进出口总额一般贸易占比及其变化趋势　　单位：%

	2008	2009	2010	2011	2012	2013	2014	2015	2016	2017	2018	2019
青海	97.2	97.6	96.8	89.0	90.9	94.4	93.5	95.6	98.7	97.0	88.3	86.8
河北	86.0	86.1	87.8	89.6	87.8	88.9	89.6	90.6	92.8	91.6	88.7	86.7
北京	64.8	66.3	72.0	50.2	74.7	72.8	76.3	79.4	81.7	82.1	85.8	85.2
吉林	81.3	82.5	83.9	85.0	85.1	87.9	88.1	85.0	84.9	84.9	87.5	84.7
黑龙江	67.3	65.0	63.1	67.5	66.1	61.0	63.2	65.1	69.0	65.5	79.4	82.7
浙江	75.2	74.8	74.2	76.0	75.8	76.6	77.4	76.9	78.1	78.7	79.0	78.7
湖北	78.7	74.6	72.1	70.9	72.4	69.5	69.6	68.1	73.0	75.3	76.7	78.1
安徽	78.9	79.3	80.0	77.2	78.7	74.2	67.2	68.8	70.1	70.0	71.1	72.0
江西	66.0	67.7	74.1	73.6	71.9	72.2	67.3	76.9	76.7	77.7	80.1	71.4
福建	53.1	58.6	59.7	63.1	65.9	65.3	67.3	66.4	65.7	66.6	72.3	71.0
云南	84.5	84.4	84.1	85.7	83.7	62.5	62.2	75.9	71.7	59.5	65.1	68.2
甘肃	93.7	91.0	92.1	85.2	93.1	84.6	70.6	64.3	52.2	50.6	70.5	68.1
贵州	91.8	84.4	86.4	88.0	87.1	85.9	83.9	66.8	78.6	61.4	53.3	68.1
山东	57.6	54.3	56.7	60.2	62.6	64.4	63.9	63.3	64.4	67.1	67.5	67.1
宁夏	98.3	98.1	99.0	98.5	96.7	98.1	76.5	83.1	89.7	84.3	86.0	63.2
内蒙古	60.1	59.6	65.0	62.2	60.8	63.5	60.3	62.3	64.0	63.0	56.2	61.0
辽宁	56.2	50.4	54.5	56.2	59.5	59.2	58.5	56.3	55.9	58.4	57.2	59.9
湖南	89.0	88.1	86.0	83.2	72.3	65.1	62.0	55.0	66.2	62.3	73.7	52.8
上海	36.8	38.3	38.9	40.9	40.8	43.8	44.4	43.1	45.1	46.5	51.9	52.6
江苏	38.7	37.0	38.1	42.7	43.1	45.6	47.1	45.8	49.2	50.7	48.8	51.8
天津	48.3	62.2	51.8	51.7	50.3	49.9	48.9	48.0	51.2	50.8	47.6	50.3

续表

	2008	2009	2010	2011	2012	2013	2014	2015	2016	2017	2018	2019
广东	31.6	34.1	36.8	39.7	38.9	41.8	44.7	47.5	48.4	49.8	47.1	48.3
山西	83.6	86.3	78.8	74.5	66.5	59.9	53.9	49.2	38.9	41.9	31.1	35.8
广西	80.7	78.6	78.9	80.4	80.2	80.2	69.0	54.9	56.0	51.3	33.5	35.4
河南	83.5	78.1	80.2	59.8	37.9	35.1	35.1	29.5	30.5	33.1	34.0	35.3
西藏	29.8	14.1	14.1	15.5	20.2	8.6	7.1	22.8	22.0	42.6	47.2	34.9
新疆	27.8	33.2	38.8	46.6	54.0	55.9	57.5	60.1	53.3	52.8	35.6	34.5
海南	81.8	67.0	74.5	77.7	66.1	61.3	58.1	40.4	38.9	42.0	31.1	32.7
重庆	84.6	87.0	82.2	58.0	46.4	29.6	22.2	35.9	34.3	31.6	37.1	30.5
四川	59.6	52.3	49.4	39.9	33.5	23.7	21.0	34.6	31.0	27.6	30.6	26.5

资料来源：国研网。

2019年进出口总额中加工贸易占比最大的地区为河南、四川、山西、陕西等，占比最小的地区为青海、新疆、内蒙古、黑龙江等，共有22个地区加工贸易占比下降，只有辽宁、天津、重庆、四川、湖南、江西、宁夏的加工贸易占比上升。加工贸易占比较大的地区为中西部劳动密集型产业发达的地区和东部沿海地区，在全国范围内，加工贸易整体而言呈显著下降趋势（见表2.7）。

表2.7　2008—2019年进出口总额加工贸易占比及其变化趋势　　单位：%

	2008	2009	2010	2011	2012	2013	2014	2015	2016	2017	2018	2019
河南	13.0	15.1	15.7	36.0	55.7	60.8	61.3	65.6	65.4	64.0	64.4	62.9
四川	31.4	35.7	40.1	51.7	54.7	22.1	28.3	48.7	56.6	58.2	56.3	60.7
山西	15.4	12.6	15.0	18.7	26.9	33.5	44.3	49.7	60.2	57.0	67.8	59.9
陕西	15.3	22.9	30.2	27.3	28.1	39.5	56.2	59.7	66.7	63.9	63.3	59.1
重庆	8.4	9.7	13.7	28.3	38.3	54.9	64.4	48.7	47.7	54.6	50.4	51.4
江苏	53.7	55.0	52.4	47.2	43.0	40.1	39.7	40.6	40.6	39.1	39.2	37.5

续表

	2008	2009	2010	2011	2012	2013	2014	2015	2016	2017	2018	2019
广东	59.0	57.2	54.5	51.4	49.2	42.3	43.1	38.4	34.8	33.7	36.6	32.0
湖南	8.9	9.7	11.9	14.2	25.3	32.2	30.9	33.9	30.2	34.8	24.3	31.4
宁夏	1.4	1.4	0.5	1.1	1.1	0.6	7.6	12.4	8.5	14.0	12.3	29.7
天津	38.8	31.0	35.8	34.1	34.4	33.7	32.1	35.4	31.8	27.8	29.2	29.3
江西	25.3	25.0	23.3	23.2	26.1	25.3	25.5	20.7	22.1	21.7	18.7	27.8
甘肃	4.9	7.6	7.1	13.8	6.1	15.0	28.3	28.4	40.3	41.2	27.3	26.5
辽宁	35.8	38.0	34.8	34.2	30.5	30.9	29.7	27.8	28.8	24.1	23.6	24.9
贵州	5.9	10.5	12.1	11.0	11.0	12.1	9.8	14.7	15.8	35.3	42.1	24.4
上海	41.8	40.9	38.2	35.1	32.3	30.3	29.3	28.8	26.4	25.2	22.0	20.7
安徽	6.6	17.2	17.6	20.9	18.8	22.2	26.3	22.7	22.8	23.7	21.5	20.7
山东	35.8	38.2	34.8	29.8	27.9	26.3	27.3	27.9	26.8	23.7	22.5	18.9
福建	38.5	34.7	34.1	30.1	28.0	28.0	25.8	26.3	27.0	25.7	20.1	18.3
广西	8.3	9.8	9.4	10.5	12.4	13.3	18.7	24.6	28.6	22.1	22.2	17.3
湖北	15.8	20.7	24.2	24.7	23.8	24.7	27.7	26.7	19.7	18.4	16.6	15.1
海南	11.9	21.4	19.3	17.3	24.7	27.8	26.7	23.8	24.9	16.3	15.0	10.1
云南	5.0	10.5	3.9	2.8	3.9	6.9	10.5	7.4	11.7	15.0	9.4	9.1
浙江	19.4	18.0	17.7	15.8	15.0	13.9	13.1	11.8	10.7	10.4	9.4	8.3
吉林	6.9	7.7	9.3	8.6	9.3	7.6	7.9	9.6	9.2	8.3	8.2	7.2
河北	10.0	10.5	10.0	8.0	7.6	7.1	7.0	6.3	4.9	4.6	7.2	6.8
北京	20.8	20.3	15.3	6.4	13.0	15.2	12.3	9.2	6.6	5.5	5.6	5.6
黑龙江	4.1	5.5	4.0	3.5	4.3	3.3	3.2	4.6	3.3	12.0	5.4	5.2
内蒙古	6.0	6.0	3.4	2.7	1.0	2.4	2.7	2.0	4.1	3.4	4.0	2.2
新疆	1.5	1.7	1.2	0.7	0.7	1.4	1.1	1.0	0.3	0.4	0.6	0.6
青海	0.2	0.8	0.9	1.7	3.5	4.1	6.4	3.7	0.9	0.9	0.3	0.3

资料来源：国研网。

由于最近年份进口、出口的一般贸易和加工贸易的数据缺失，本报告采用2010年和2014年的海关数据，比较进口和出口的贸易方式变化。

其中出口方面（见表2.8），2014年加工贸易占比最大的地区，依次为重庆、河南、山西、陕西、广东，一般贸易占比最大的地区，依次为贵州、甘肃、宁夏、河北、青海。其中，重庆、河南、山西、海南、广西等14个地区一般贸易占比呈下降趋势，甘肃、江西、新疆、辽宁、湖北等17个地区一般贸易占比呈上升趋势。加工贸易的变化趋势则和一般贸易相反。

表2.8　　　　出口贸易方式占比及其变化趋势　　　　单位：%

	一般贸易占比（2010年）	一般贸易占比（2014年）	加工贸易占比（2010年）	加工贸易占比（2014年）
北京	44.99	45.51	42.07	35.83
天津	37.63	43.60	55.42	49.32
河北	79.76	86.80	18.13	11.82
山西	71.95	39.27	26.69	59.67
内蒙古	71.32	79.17	14.91	2.75
辽宁	41.76	54.96	47.79	36.61
吉林	57.36	67.31	25.57	21.06
黑龙江	68.07	55.47	3.19	3.24
上海	34.98	41.84	55.54	43.76
江苏	36.56	46.31	59.07	43.65
浙江	80.35	79.31	18.29	11.94
安徽	74.92	69.73	22.13	27.81
福建	61.32	71.47	33.01	23.97
江西	59.05	80.08	25.45	15.12
山东	47.70	57.86	47.79	38.26
河南	76.84	36.68	19.09	61.93
湖北	57.47	69.27	38.17	28.49
湖南	82.72	70.69	14.63	25.84
广东	32.93	38.68	60.81	49.62

续表

	一般贸易占比（2010年）	一般贸易占比（2014年）	加工贸易占比（2010年）	加工贸易占比（2014年）
广西	48.04	20.47	12.62	18.42
海南	66.00	37.70	33.94	34.90
重庆	78.28	34.97	16.04	63.62
四川	51.85	44.09	24.15	38.80
贵州	87.56	95.19	12.00	2.95
云南	58.30	69.52	3.38	11.63
西藏	24.52	6.45	—	—
陕西	55.54	39.35	35.78	58.71
甘肃	50.53	93.13	17.40	6.39
青海	98.70	82.68	0.74	3.27
宁夏	99.11	90.03	0.89	3.26
新疆	16.09	36.18	2.34	1.27

注："—"表示数据缺乏。

资料来源：笔者根据海关原始数据按照不同贸易方式加总到地区层面。

进口方面（见表2.9），2014年加工贸易占比最大的地区，依次为河南、陕西、江西、广东、重庆，一般贸易占比最大的地区，依次为青海、吉林、西藏、河北、北京。其中重庆、河南、宁夏、陕西、江西等18个地区一般贸易占比呈下降趋势，其余13个地区一般贸易占比呈上升趋势。加工贸易方面，福建、江苏、山东等14个地区呈现下降趋势，其余地区呈现上升趋势。

表2.9　　　　　　进口贸易方式占比及其变化趋势　　　　　单位：%

	一般贸易占比（2010年）	一般贸易占比（2014年）	加工贸易占比（2010年）	加工贸易占比（2014年）
北京	88.73	86.62	5.95	7.12
天津	54.97	49.94	25.32	22.73
河北	88.91	86.80	9.12	8.66

续表

	一般贸易占比（2010年）	一般贸易占比（2014年）	加工贸易占比（2010年）	加工贸易占比（2014年）
山西	85.28	58.81	8.61	38.59
内蒙古	31.38	36.53	7.44	1.03
辽宁	51.53	56.67	32.75	27.51
吉林	91.82	95.28	3.63	2.82
黑龙江	72.95	85.86	2.23	1.35
上海	45.20	51.60	20.28	14.44
江苏	34.13	40.63	47.56	38.99
浙江	67.65	71.22	21.56	17.28
安徽	86.06	70.73	11.56	16.82
福建	51.61	67.92	38.61	23.66
江西	77.10	40.55	18.04	47.29
山东	56.46	66.09	30.43	22.62
河南	81.42	24.37	15.52	69.56
湖北	73.44	70.95	20.78	27.10
湖南	88.49	60.83	9.21	31.14
广东	35.95	38.53	51.45	46.41
广西	75.08	59.67	6.57	24.05
海南	68.63	65.74	17.15	26.39
重庆	87.37	23.87	7.81	43.99
四川	45.70	30.79	45.78	43.61
贵州	87.19	79.82	11.32	12.51
云南	82.15	46.47	3.46	24.43
西藏	87.10	88.40	—	—
陕西	57.62	20.68	34.89	53.33
甘肃	95.27	59.67	4.13	34.73
青海	97.65	99.47	0.95	0.52
宁夏	99.11	51.17	0.35	14.61
新疆	37.15	59.77	0.55	3.63

注："—"表示数据缺乏。

资料来源：笔者根据海关原始数据按照不同贸易方式加总到地区层面。

从贸易方式的变化趋势上看，各地区出口普遍出现一般贸易占比上升的趋势，即加工贸易和一般贸易均飞速发展，但一般贸易的增长速度快于加工贸易；进口中一般贸易占比上升的趋势并不明显。

从产品特征上看，产品多样化程度是衡量产品结构的重要特征，产品多样化程度较高，意味着贸易的技术含量较高，抵抗国际风险的能力较强。为此，根据海关8位数产品计算各地区产品的多样化指数，计算公式如下：

$$Index_{it} = 1 \Big/ \sum_{p} \left(\frac{X_{pit}}{X_{it}}\right)^2$$

其中，$Index_{it}$为i地区t年度的出（进）口多样化指数，X_{pit}为i地区t年度p产品的出（进）口金额，X_{it}为i地区t年度的出（进）口总额。$\sum_{p}\left(\frac{X_{pit}}{X_{it}}\right)^2$为赫芬达尔指数，衡量了产品集中程度，对其取倒数，便可以衡量产品的多样化程度。

根据计算（见表2.10），2014年出口多样化程度最高的地区依次为浙江、福建、山东、甘肃、贵州，出口多样化程度最低的地区依次为河南、重庆、西藏、山西、海南。2010—2014年，出口多样化程度提高的地区包括浙江、贵州、甘肃、江苏、江西等17个地区，其余14个地区出口多样化程度降低，整体而言，中国出口多样化程度呈上升趋势。2014年进口多样化程度最高的地区依次为上海、浙江、江苏、广东、辽宁，进口多样化程度最低的地区依次为黑龙江、新疆、西藏、海南、河北。从2010年到2014年，进口多样化程度提高的地区包括上海、湖南、江苏、安徽、宁夏等14个地区，其余17个地区进口多样化程度降低，整体而言，中国进口多样化程度呈下降趋势。

表 2.10　　　　　　各地区进出口产品多样化指数

	出口多样化（2010年）	出口多样化（2014年）	出口多样化变化	进口多样化（2010年）	进口多样化（2014年）	进口多样化变化
北京	312.76	334.18	21.41	44.20	42.55	-1.64
天津	165.39	236.15	70.76	219.14	82.34	-136.80
河北	324.18	260.63	-63.55	16.01	11.31	-4.70
山西	107.49	34.41	-73.07	22.74	39.30	16.56
内蒙古	84.72	297.52	212.80	18.15	12.85	-5.30
辽宁	263.67	462.92	199.25	90.39	96.98	6.58
吉林	181.08	324.19	143.11	57.76	38.77	-19.00
黑龙江	559.98	280.48	-279.50	23.98	3.19	-20.79
上海	115.78	270.55	154.77	246.82	326.57	79.75
江苏	247.61	610.41	362.79	132.63	161.86	29.23
浙江	2693.23	4644.64	1951.41	216.15	220.87	4.72
安徽	1370.83	579.87	-790.97	36.96	57.00	20.04
福建	728.40	1026.78	298.38	85.35	55.00	-30.35
江西	333.92	670.36	336.44	40.25	32.23	-8.01
山东	707.88	964.33	256.45	148.43	83.96	-64.48
河南	340.08	12.77	-327.30	57.14	22.78	-34.35
湖北	211.60	191.08	-20.53	64.94	64.27	-0.67
湖南	316.44	247.61	-68.83	32.88	87.91	55.03
广东	313.30	190.35	-122.95	240.96	139.99	-100.97
广西	231.78	170.53	-61.25	41.60	45.28	3.69
海南	21.54	35.38	13.84	11.72	9.88	-1.84
重庆	268.12	21.79	-246.33	99.47	22.56	-76.92
四川	121.46	63.35	-58.10	21.77	34.07	12.30
贵州	38.22	713.21	674.99	20.96	16.69	-4.26
云南	203.17	110.05	-93.12	48.91	31.14	-17.77
西藏	67.75	23.52	-44.23	7.61	7.95	0.34
陕西	104.22	38.51	-65.71	37.39	12.47	-24.92

续表

	出口多样化 (2010年)	出口多样化 (2014年)	出口多样化变化	进口多样化 (2010年)	进口多样化 (2014年)	进口多样化变化
甘肃	134.31	780.70	646.38	15.80	16.73	0.94
青海	9.75	54.47	44.72	5.32	13.18	7.87
宁夏	67.21	392.82	325.61	10.16	27.21	17.06
新疆	98.52	140.53	42.01	5.81	6.91	1.10

资料来源：笔者根据海关原始数据按照不同贸易方式加总到地区层面。

考察出口多样化的变化规律，整体而言出口产品多样化程度在不断提高，出现下降趋势的地区，除广东之外，大多为内陆地区，但进口多样化程度有降低的趋势。

在国别（地区）分布上（见表2.11），2014年出口到美国商品占比最高的地区为河南、上海、山西、四川、江苏，出口到美国产品占比最低的地区为西藏、新疆、云南、黑龙江、广西。2010—2014年，河南、山西、四川、重庆、新疆等15个地区出口到美国商品占比呈下降趋势；宁夏、西藏、天津、福建、黑龙江等16个地区出口占比呈上升趋势。出口到日韩的商品中占比最高的地区为辽宁、山东、吉林、天津、青海，占比最低的地区为西藏、新疆、广西、黑龙江、云南。2010—2014年，陕西、河南、四川、广东、新疆等8个地区出口到日韩商品占比呈上升趋势，青海、山西、宁夏、甘肃、内蒙古等23个地区出口占比呈下降趋势。2014年出口到东盟的商品占比最大的地区为广西、云南、海南、贵州、甘肃，出口占比最小的地区为西藏、新疆、山西、河南、广东。2010—2014年出口到东盟的商品占比，广东、甘肃、贵州、青海、内蒙古等26个地区呈上升趋势，河南、陕西、重庆、西藏、北京5个地区呈下降趋势。2014年出口到欧盟商品占比最高的地区为浙江、重庆、山西、江苏、上海，出口占比最低的地区为西藏、新疆、广西、黑龙江、海南；2010—2014年，山西、重庆、贵州、新疆4个地区出口到欧盟商品占比呈上升趋势，陕西、河南、宁夏、江西、湖北等27个地区出口占比呈下降趋势。出口到其他地区的商品占比，宁夏、青海、西藏、陕西、黑龙江等18个地区呈上升趋势，河南、四川、贵州、广西、新疆等13个地区呈下降趋势。

表2.11　　　　各地区出口的国别（地区）分布　　　　单位：%

	美国 2010年	美国 2014年	日韩 2010年	日韩 2014年	东盟 2010年	东盟 2014年	欧盟 2010年	欧盟 2014年	其他 2010年	其他 2014年
北京	7.72	9.29	10.76	11.47	15.58	15.10	16.42	10.32	49.51	53.81
天津	20.37	16.79	20.28	16.26	8.43	15.06	13.59	11.37	37.33	40.51
河北	12.69	13.05	13.01	11.96	7.58	15.11	23.20	11.36	43.51	48.51
山西	9.90	22.69	25.78	10.82	4.92	7.15	15.90	18.17	43.51	41.18
内蒙古	6.85	7.44	20.15	11.70	7.88	19.37	10.58	7.98	54.53	53.51
辽宁	11.00	11.12	31.83	25.48	13.97	19.33	11.73	11.24	31.48	32.83
吉林	8.64	8.11	19.56	18.96	7.39	14.61	14.62	12.77	49.80	45.55
黑龙江	8.19	5.14	6.42	2.92	12.28	12.94	8.81	4.90	64.29	74.11
上海	22.68	23.72	14.12	14.47	9.82	11.13	20.59	15.62	32.79	35.06
江苏	21.57	20.53	14.49	13.90	7.79	10.01	22.66	15.86	33.49	39.70
浙江	16.88	16.90	8.37	6.95	6.10	8.31	23.70	19.12	44.95	48.73
安徽	14.80	16.34	9.16	8.12	8.88	11.82	16.85	13.74	50.32	49.99
福建	20.80	17.59	10.43	8.70	11.62	14.75	17.87	15.30	39.27	43.66
江西	14.32	11.72	8.70	7.41	11.59	19.59	20.52	10.54	44.88	50.74
山东	17.64	16.85	25.86	20.62	6.93	9.70	14.85	13.03	34.72	39.81
河南	15.61	33.45	9.61	11.61	9.73	7.42	15.26	13.21	49.79	34.31
湖北	13.09	11.89	9.38	7.17	12.35	15.80	22.08	14.53	43.10	50.61
湖南	10.67	8.12	14.42	6.28	11.23	18.07	13.54	8.05	50.15	59.49
广东	18.51	15.46	6.97	8.00	6.91	7.94	12.25	10.14	55.36	58.46
广西	8.41	5.77	5.57	2.34	47.72	70.17	7.66	3.02	30.64	18.69
海南	9.48	7.72	8.19	4.97	26.22	36.11	9.81	5.04	46.31	46.16
重庆	14.00	19.23	7.53	4.55	13.62	12.29	17.24	18.49	47.61	45.43

续表

	美国 2010年	美国 2014年	日韩 2010年	日韩 2014年	东盟 2010年	东盟 2014年	欧盟 2010年	欧盟 2014年	其他 2010年	其他 2014年
四川	11.45	20.78	4.73	5.91	11.93	16.17	14.07	13.30	57.83	43.84
贵州	11.04	11.96	7.98	5.66	14.88	27.78	8.15	9.25	57.95	45.35
云南	4.62	4.06	5.08	3.18	38.16	46.42	11.29	6.28	40.87	40.07
西藏	6.54	0.98	0.20	0.28	1.71	1.14	7.07	1.22	84.48	96.38
陕西	15.52	16.91	10.97	13.71	11.59	9.47	20.33	7.95	41.60	51.96
甘肃	15.30	12.47	16.70	6.21	6.71	24.99	15.31	13.52	45.98	42.81
青海	6.69	7.49	45.51	15.92	5.09	17.23	9.62	8.08	33.09	51.28
宁夏	16.03	8.35	21.32	7.85	7.31	17.54	23.57	12.53	31.77	53.73
新疆	0.61	2.34	0.60	1.56	1.41	5.42	1.58	2.62	95.81	88.06

资料来源：海关数据。

在进口国别（地区）分布方面（见表2.12），2014年进口自美国商品占比最高的地区为陕西、四川、天津、西藏、福建，进口自美国产品占比最低的地区为青海、甘肃、吉林、山西、内蒙古。2010—2014年，西藏、陕西、云南、天津、湖南等16个地区进口自美国商品占比呈下降趋势；青海、重庆、海南、河南、黑龙江等17个地区进口占比呈上升趋势。进口自日韩的商品中占比最高的地区为河南、江苏、天津、重庆、广东，占比最低的地区为黑龙江、甘肃、新疆、贵州、广西；2010—2014年，河南、陕西、山西、云南、甘肃等7个地区进口自日韩商品占比呈上升趋势，西藏、天津、安徽、宁夏、湖南等24个地区进口占比呈下降趋势。2014年进口自东盟的商品占比最大的地区为云南、青海、重庆、四川、广西，进口占比最小的地区为西藏、黑龙江、新疆、内蒙古、吉林。2010—2014年进口自东盟的商品占比，青海、重庆、云南、四川、安徽等14个地区呈上升趋势，贵州、陕西、黑龙江、广西、宁夏等17个地区呈下降趋势。2014年进口自欧盟商品占比最高的地区为西藏、吉林、宁夏、上海、辽宁，进口占比最低的地区为黑龙江、广西、甘肃、云南、河南；2010—2014 年，西藏、吉林、辽宁、宁夏、上海等 8 个地区进口自欧盟商品占比呈上升趋势，重庆、青海、陕西、湖南、河南等 23 个地区进口占比呈下降趋势。进口自其他地区的商品占比，贵州、黑龙江、海南、广西、福建等 24 个地区呈上升趋势，云南、河南、青海、山西、甘肃等 7 个地区呈下降趋势。

表 2.12　　　　各地区进口的国别（地区）分布　　　　单位：%

	美国 2010 年	美国 2014 年	日韩 2010 年	日韩 2014 年	东盟 2010 年	东盟 2014 年	欧盟 2010 年	欧盟 2014 年	其他 2010 年	其他 2014 年
北京	6.36	8.32	10.62	6.93	4.40	2.72	10.89	9.96	67.73	72.08
天津	10.11	15.10	41.77	26.84	9.30	8.37	13.90	16.62	24.92	33.07
河北	6.93	6.17	10.31	7.28	2.78	2.69	12.53	10.72	67.45	73.14
山西	3.35	2.79	5.76	13.36	5.21	9.42	15.82	10.03	69.86	64.40
内蒙古	3.20	4.16	2.32	3.26	0.29	0.88	6.08	5.92	88.10	85.78
辽宁	6.12	6.69	23.14	17.22	5.82	4.73	13.88	19.15	51.04	52.22
吉林	4.40	2.34	21.44	12.97	2.00	1.45	56.23	65.73	15.92	17.51
黑龙江	9.87	5.84	4.05	1.41	7.85	0.58	6.13	3.37	72.11	88.80
上海	10.77	10.35	24.17	19.59	13.63	11.86	17.00	21.40	34.42	36.81
江苏	6.63	7.15	36.67	32.11	13.47	11.31	9.06	10.98	34.17	38.45
浙江	8.37	7.59	22.40	20.35	9.41	12.85	12.21	10.98	47.61	48.23
安徽	6.89	7.71	27.26	16.09	4.44	11.65	9.07	8.88	52.34	55.67
福建	10.02	10.40	19.03	9.69	13.13	13.06	9.06	6.70	48.76	60.15
江西	4.61	6.54	6.72	7.17	5.97	4.98	11.64	6.14	71.06	75.17
山东	9.63	10.26	26.01	19.30	14.82	13.13	6.98	6.77	42.56	50.55
河南	9.29	4.23	12.32	34.44	7.57	10.38	11.73	5.12	59.09	45.83
湖北	6.78	5.92	24.94	17.29	6.93	10.83	17.73	16.13	43.61	49.83
湖南	5.43	9.91	20.95	11.47	2.43	7.76	21.37	13.37	49.83	57.49
广东	4.37	5.09	23.39	20.58	14.86	14.18	7.24	5.30	50.14	54.86

续表

	美国		日韩		东盟		欧盟		其他	
	2010年	2014年	2010年	2014年	2010年	2014年	2010年	2014年	2010年	2014年
广西	8.83	6.65	5.52	3.08	23.85	17.43	4.57	3.47	57.23	69.37
海南	16.82	7.99	4.22	3.88	12.24	10.93	11.31	7.58	55.41	69.61
重庆	13.60	4.63	32.40	23.77	9.07	34.84	19.03	6.68	25.91	30.07
四川	23.75	23.71	22.74	18.97	5.90	17.74	15.20	8.61	32.42	30.96
贵州	4.38	4.63	3.80	2.17	34.50	12.55	5.49	6.12	51.84	74.53
云南	4.20	9.72	4.07	6.01	28.89	51.72	10.08	4.34	52.76	28.21
西藏	0.10	11.31	35.22	5.57	0.07	0.12	54.32	66.58	10.29	16.43
陕西	19.78	25.31	11.07	18.68	15.88	6.35	21.47	10.47	31.80	39.18
甘肃	2.39	1.19	0.47	1.61	5.57	11.25	4.62	3.96	86.95	81.99
青海	10.57	0.72	5.83	4.58	0.43	35.67	26.24	15.05	56.93	43.98
宁夏	8.15	7.65	18.10	8.55	11.47	6.97	23.19	28.44	39.10	48.39
新疆	3.98	5.23	4.13	2.12	0.51	0.87	11.11	6.44	80.27	85.34

资料来源：海关数据。

三 各地区未来贸易结构变化的趋势预测

（一）各地区未来总体贸易结构的变化

针对未来总体地区贸易结构的走势，本报告认为，市场供求、经济政策和外部冲击是决定贸易结构的主要因素。从市场供求上看，国内外经济规模决定了进出口贸易规模，而各地区未来经济增长的根本驱动力没有发生较大变化，因此经济规模不会发生突变，这决定了进出口贸易的规模和位次也不会发生较大变化。而由于各地区经济发展水平存在差异，中西部地区发展的空间较大，因此贸易增长速度可能高于东部地区；从经济政策上看，中国的开放战略和开放政策没有发生太大变动，因此东部地区的开放水平依然会超过中西部地区，但随着对外开放水平、自贸区试点从沿海向内陆发展，以及"一带一路"

倡议的影响，地区之间的贸易开放水平差距会缩小；从外部冲击上看，中美经贸摩擦和新冠肺炎疫情是影响各地区进出口贸易的主要因素，中美经贸摩擦为对美贸易依存程度较高的地区带来不利影响，但中美经贸摩擦恶化的趋势现在已得到一定程度的遏制。在新冠肺炎疫情的影响上，国内方面，疫情基本得以控制，随着"六保""六稳"政策的实施，经济基本面可以保持稳定，但仍然面临较大的不确定性，国外方面，疫情还在持续蔓延，对外需和全球价值分工造成较大影响，尤其对无法通过远程完成的服务贸易影响巨大，短时间内国外经济局势不容乐观，但因最迟在2021年开始普及疫苗，新冠肺炎疫情的影响也应该在2021年得以缓解。

综上所述，我们判断，未来一段时间，各地区进出口格局会保持这一稳定状态，进出口占比和排名不会发生太大变化。东部沿海地区依然在对外贸易上处于主导地位，在贸易总额、贸易技术水平和附加值上保持在高位，同时中西部地区贸易开放水平进一步提高，进出口贸易增长率高于东部地区。

同时需要指出，受国内外各种因素的影响，各地区贸易增长率会发生较大波动。首先，湖北省因为受疫情影响较大，进出口会出现较大幅度的下滑，下滑幅度可能超过GDP下降程度；由于国外经济下滑是中国进出口负面冲击的主要来源，开放程度较高、参与全球分工较为深入的地区，受其影响较大，因此东部沿海地区进出口下滑幅度要高于中西部地区。其次，因疫情对各国的经济社会冲击不同（总体而言，部分发展中国家、英、美受到的影响较大，欧洲次之，日本、韩国、东南亚各国等亚洲国家受到的影响较小），不同地区由于贸易伙伴的构成存在差异，也会相应受到不同程度的冲击。再次，服务贸易在短期会遭受比货物贸易更大的打击，但也具有更大的发展潜力。最后，在未来国际经贸格局的新背景之下，中国区域经济发展水平、资源禀赋的多样性，有利于更加充分地发挥区域间的分工与合作，通过东部地区和中西部地区之间的贸易，弥补国外市场的不足，发挥"国内大循环为主体、国内国际双循环相互促进"的新发展格局。

（二）各地区未来贸易方式的变化

从贸易方式的变化趋势上看，各地区出口普遍出现一般贸易占比上升的趋势，即加工贸易和一般贸易均飞速发展，但一般贸易的增长速度快于加工贸易；进口中一般贸易占比上升的趋势并不明显。

本报告判断，未来贸易方式的发展将继续遵循这一趋势。加工贸易是中国发挥比较优势、参与国际分工的重要手段，在未来一段时间内也必将发挥重要作用，而一般贸易占比的提高，则意味着中国出口产品的技术含量和国际竞争力的提升，也将是未来发展的基本趋势。新冠肺炎疫情影响下，贸易方式的变化是复杂的。一方面，其他国家，尤其是发达国家国内生产受阻，将更加依赖中国的产能；另一方面，部分国家出于分散风险的考量，或许会将部分生产和进口需求转移到其他国家和地区，从而减少对中国加工贸易的依赖。因此我们判断，未来一段时间，出口产品一般贸易占比提高仍然是主要趋势，而加工贸易还将发挥重要作用，加工贸易中，容易被和中国资源禀赋、比较优势相近的国家所替代，可能会出现较大程度的下降趋势，而具有不可替代性，且发达国家急需的物资生产，则可能呈现上升趋势。

除此之外，中国各地区贸易方式的变化还受到产业转移的影响，随着改革开放的深入发展，东部地区劳动力优势不再，而中西部地区的基础设施、人力资本和营商环境也有了较大提升，因此部分劳动密集型产业从沿海转移到内陆，河南等中西部省（区）承接了东部地区的加工贸易转移。因此我们判断，未来加工贸易中西部地区增速将超过东部地区。

(三) 各地区未来产品结构的变化

近年来各地区进出口产品多样化的变化规律表明，整体而言出口产品多样化程度在不断提高，出现下降趋势的地区，除广东省之外，大多为内陆地区，但进口多样化程度有降低的趋势。本报告判断出口发展趋势在未来一段时间将会保持，进口多样化水平也将会得到提升。随着中国产业结构的转型升级，出口中产品多样化程度在未来也必将呈上升趋势，而进口产品多样化程度也有较大可能出现上升趋势，各地区产品将向着更加多样化的程度迈进。

(四) 各地区未来进出口国别（地区）结构的变化

从各地区进出口国别（地区）分布上看，首先，区位优势对不同省份贸易伙伴的选择具有重要作用，如出口到日本和韩国的商品中占比最高的地区为辽宁、山东、吉林、天津，而出口到东盟占比最高的为广西、云南、海南等地。其次，产品技术含量和产业的互补性对不同省份的贸易伙伴选择具有重要作用，因此东南沿海地区和发达国家（地区）的贸易占比较高。最后，各地区均出现不同程度的贸易伙伴分散化的趋势。

由于区位优势在较长时期内具有稳定性，各地区贸易伙伴的结构也相对稳定，但地区和贸易伙伴的经济发展、贸易政策的改变均有可能对国别（地区）结构产生影响。从中国区域经济发展的角度上看，东部地区产品技术含量和竞争力逐步增强，将对发达国家的部分产品产生一定替代作用，中西部地区产业和消费升级，将提高对发达国家产品进出口的需求，从而带来各地区贸易伙伴比例的分散化；从国外贸易伙伴的经济发展上看，近年来发达国家中出现逆全球化趋势，新兴经济体在全球经济和贸易中的作用日益突出，也将会带来各地区贸易伙伴的分散化；从贸易政策上看，国内贸易政策没有发生针对国别的重大区别，但"一带一路"倡议、RCEP等贸易协议的签订，会提升相关国家的贸易占比，国外的贸易政策上，影响较大的是美国的加征关税，将会降低美国在各地区贸易中的比重，并对与美国贸易依赖程度较高的地区产生较大影响。

新冠肺炎疫情是影响各地区贸易国别（地区）结构的一大重要因素。由于疫情对不同国家的影响存在较大差异，一般而言，日本、韩国和东盟疫情控制得较好，欧洲次之，美国和英国受到的影响较大。由此我们判断，与美国、英国贸易密切的地区将会受到较大影响，与欧盟贸易关系密切的地区会受到中等影响，与日韩、东盟贸易关系密切的地区受到的影响较少。同时，疫情可能会带来贸易的转移，因此日本、韩国、东盟的贸易量有上升趋势，美国、欧盟的贸易量有下降趋势，由于区位优势等原因与日本、韩国、东盟贸易密切的地区，也会出现贸易量的相对上升。

四 本章总结

基于近年来各地区贸易结构的发展趋势，本报告认为，总体贸易结构方面，由于供求和贸易政策变化不大，各地区贸易总额的排名将保持大体不变，同时中西部地区的发展潜力将大于东部地区。考虑到中美经贸摩擦和新冠肺炎疫情的影响，对美、英贸易依存较大的地区，进出口贸易将受到更大影响，疫情较为严重的地区，如湖北，进出口贸易受到的影响较大，但这一影响不具有长期持续性。中国区域经济发展水平、资源禀赋的多样性，在未来有利于发挥"国内大循环为主体、国内国际双循环相互促进"的新发展格局；地区贸易方式方面，未来将继续遵循一般贸易占比增长，加工贸易占比下降的总体趋势，但西部地区将承接东部地区的产业转移，加工贸易得到迅速发展；产品结构方面，各地区未来的产品多样性和技术含量将持续上升；地区的国别构成方面，由于区位优势和各地区经济发展阶段长期稳定，国别构成在未来会有小幅调整，部分中西部崛起的地区对发达国家的进出口贸易量会上升，而整体而言，各地区对美贸易量呈下降趋势，对东盟、新兴经济体等发展中国家的贸易量增速超过发达国家，贸易伙伴的构成更加分散化。

第三章 中国货物贸易结构变化趋势及预测[*]

本章考察了2001—2019年中国对外贸易的货物结构变化趋势，并对未来货物结构的变化进行了预测。首先，本章考察了中国出口货物的结构特征，电机、电气设备及其零件产品属于中国出口第一大类产品，而劳动密集型产品，如针织服装及衣着等所占出口份额明显下降。从细分产品层面看，如产品电话机和蜂窝网络设备、机器锅炉核反应堆、家具床上用品等重点出口产品，受中美经贸摩擦影响，自2017年、2018年起出口份额不同程度地下滑；而如自动数据处理机、磁性或光学读取器等出口美国则没有受到明显冲击。其次，本章分析了中国货物进口的结构特征，机电产品连续十几年保持中国进口的第一大类产品，尤其是电机、电气设备及其零件类产品进口增幅较大，矿物、燃料、矿物油及蒸馏产物等进口原材料是中国进口的第二大类产品，进口规模呈趋势性上升。从细分产品层面看，电子集成电路和信号发送和接收设备自2013年起进口比重持续上升，主要依赖中国台湾、日本和韩国的进口。机电产品，如半导体设备制造品及其零部件增长速度尤其显著，所占进口比重从2012年的4%上升到了2018年的15.1%；而其他功能机器设备及其零部件则比重大幅下降。2013年以来，石油原油及从沥青矿物中提取的原油等原材料总进口占比呈先降后升趋势，受国内需求和

---

[*] 本章作者为石先进（中国社会科学院世界经济与政治研究所助理研究员）。

国际大宗产品价格的影响，增速起伏不定，并且进口来源比较分散，包括俄罗斯、沙特阿拉伯、安哥拉、伊朗等。最后，本章考察了贸易差额的货物结构特点。核反应堆、锅炉、机器、机械器具及其零件和电子设备是贸易盈余的第一大类产品，对美国、中国香港、荷兰、印度、越南和英国都处于贸易盈余的状态；矿物燃料、矿物油和矿砂、矿渣及矿灰等基本能源、生产原材料几乎全部进口，处于绝对的贸易逆差，进口重点来源地包括俄罗斯、沙特阿拉伯、伊拉克、安哥拉和澳大利亚。

基于近年来货物结构的基本特点，本章对未来货物结构的变化趋势进行了预测。本章将中国进出口货物划分为劳动密集型、资本密集型、技术密集型、资源密集型四大类，指出：中国出口的主要产品大多为技术密集型、劳动密集型、资本密集型；而2008年后，劳动密集型产品的进口占比保持相对稳定，技术密集型产品和资源密集型产品进口呈现趋势性的上升。未来，技术密集型产品贸易将会有较大分化，一方面疫情大大提高了与之相关的药品、防护用品、卫生用品等的国际贸易；另一方面，由于中美经贸摩擦，中国技术密集型产业的进口和出口均面临不利的影响。短期内，疫情造成了劳动密集型产业无法聚集开展生产，部分消费收缩；长期看，人口老龄化使劳动力市场面临短缺危机，成本上升不利于劳动密集型产业贸易发展。资源密集型的产品进口依存度较高，未来仍可能会继续扩大进口占比。

一 出口货物结构的基本特征

（一）中国出口的货物结构分析

2001—2019年中国货物贸易出口规模持续上升。2019年总出口规模为24985.6亿美元，比上年增长0.17%。从HS的2位编码看，2013年以来，出口占比最高的前16位商品合计占比保持在77%—78%，如表3.1所示。

中国货物出口的产品结构变化如表3.1所示：

一是2001—2019年，出口规模最大的为第85章电机、电气设备及其零件产品，2001年其规模为335亿美元，2019年上升到6710亿美元，其占比从2001年的20%持续上升到2019年的26.9%。

二是出口规模第二位的是第84章核反应堆、锅炉、机器、机械器具及其零件，2001年出口规模为189.5亿美元，2019年上升到4169.8亿美元，其占比在2004年以前急速上升，从2001年的15.6%上升到2004年的19.9%，但2005年及以后其占比有逐渐下降趋势，2019年下降到16.7%。

三是2015年后位列出口第三位的是第94章家具床上用品等，2019年占总出口规模为4%左右。第39章塑料及制品，第87章铁路或有轨电车外的车辆，第90章光学、电影、摄影、医疗、精密仪器等，第61章针织或钩编服装等，第73章钢铁制品的出口规模和占比相对接近，2019年均保持在3%左右。

四是2001年以来货物出口占比明显逐渐下降的产品有：第61章针织或钩编服装等，第62章非针织或钩编服装等，第64章鞋类绑腿等，第42章皮革、马具、手袋等，占比分别从2001年的5.1%、7.1%、3.8%、2.6%逐年下降，2019年降为2.9%、2.7%、1.9%、1.2%。

五是货物出口占比明显逐渐上升的有：第87章铁路或有轨电车外的车辆，第39章塑料及制品，第29章有机化学品，分别从2001年的1.8%、2.5%、1.7%上升到2019年的3.0%、3.4%、2.3%。

表3.1　　　　　中国出口最多的前16产品及占比　　　　单位：%

章节名称	产品名称	2013年	2014年	2015年	2016年	2017年	2018年	2019年
HS Code 4	前16种货物总占比	77.3	76.6	77.3	77.6	77.9	77.9	77.6
第85章	电机、电气设备及其零件	25.4	24.4	26.3	26.3	26.4	26.6	26.9

续表

章节名称	产品名称	2013年	2014年	2015年	2016年	2017年	2018年	2019年
第84章	核反应堆、锅炉、机器、机械器具及其零件	17.3	17.1	16.0	16.3	16.9	17.2	16.7
第94章	家具床上用品等	3.9	4.0	4.3	4.2	4.0	3.9	4.0
第39章	塑料及制品	2.8	2.9	2.9	3.0	3.1	3.2	3.4
第87章	铁路或有轨电车外的车辆	2.7	2.7	2.7	2.9	3.0	3.0	3.0
第90章	光学、电影、摄影、医疗、精密仪器等	3.4	3.2	3.2	3.2	3.1	2.9	2.9
第61章	针织或钩编服装等	4.4	3.9	3.7	3.5	3.2	2.9	2.9
第73章	钢铁制品	2.6	2.6	2.7	2.5	2.5	2.6	2.8
第62章	非针织或钩编服装等	3.1	3.5	3.4	3.4	3.2	2.9	2.7
第95章	玩具游戏和体育用品等	1.6	1.6	1.9	2.1	2.4	2.3	2.5
第29章	有机化学品	1.9	1.9	1.9	2.0	2.2	2.4	2.3
第64章	鞋类绑腿等	2.3	2.4	2.3	2.3	2.1	1.9	1.9
第27章	矿物、燃料、矿物油及蒸馏产物等	1.5	1.5	1.2	1.3	1.6	1.9	1.9
第72章	钢铁	1.7	2.4	2.2	2.0	1.9	1.9	1.6
第42章	皮革、马具、手袋等	1.4	1.3	1.4	1.3	1.3	1.2	1.2
第63章	其他纺织制成品	1.2	1.2	1.2	1.2	1.2	1.1	1.1

说明：为了表达简洁起见，本表名称缩减了 HS 2 位码分类的章节名目，详细名目见表 3.39。

资料来源：UN Comtrade。

（二）重点货物出口结构及国别（地区）分布

表 3.1 中给出了中国出口最多的前 16 种产品及占比，因此从出口占比较高的货物着手，进一步分析重点货物出口占比以及国别（地区）分布。

1. 第 85 章电机、电气设备及其零件出口情况

（1）产品结构

电机、电气设备及其零件是中国长期以来出口占比最高的产品类型，2013 年以来占比维持在 25% 以上。2019 年该类出口总规模为 6710 亿美元，占总出口的 26.9%。其中占比最大的前三位为电话机和蜂窝网络设备等，电子集成电路，二极管、晶体管等半导体重要电子产品及设备，2019 年的出口占该大类出口的比重分别为 33.4%、15.2%、5.2%。2013—2019 年，第 85 章电机、电气设备及其零件中的前 16 位产品出口在 85%—87%，有逐年提升的趋势，如表 3.2 所示。

第 8517 类产品电话机和蜂窝网络设备等，从 2007 年开始出口呈急速上升趋势，但中美经贸摩擦使其近两年的出口占比开始下降，如图 3.1、图 3.2 所示。占比从 2006 年的 4.8% 左右急速上升到 26.2%，2017 年达到 36.6% 的峰值，中美经贸摩擦之后，该类产品出口在 2018 年后明显出现拐点，2019 年出口占比降为 33.4%，该类产品出口到中国香港和美国的比例从 2018 年的 26.5%、23.7% 下降到了 2019 年的 24.1%、21.5%，对中国香港和美国出口量也分别从 2018 年的 592 亿美元、530 亿美元，下降到 2019 年的 540 亿美元、481 亿美元。中国手机出口下降较大地区及降幅为印度 32.0%、韩国 29.6%、日本 23.0%、荷兰 12.5%、越南 6.7%。

第 8542 类产品为电子集成电路，2014 年以来有逐渐上升的趋势，2014 年该类商品有 50% 出口到中国香港，2016 年该比例上升至 54.3%，但随后开始大幅下降，2019 年为 40.5%。出口到中国台湾的占比也在逐渐下降，从 2014 年的 15.8% 下降到 2018 年的 12.6%，但 2018 年中美经贸摩擦后反弹到 14.0%。出口到韩国的该类产品占比从 2014 年的 8.3% 上升到了 2019 年的 15%；出口到马来西亚的占比先降后升，从 2014 年的 4.9% 下降到 2016 年的 2.1%，随后反弹到 2019 年的 6.1%；出口到新加坡的占比则有下降趋势，从 2014 年的 6.8% 下降到 2019 年的 3.7%。

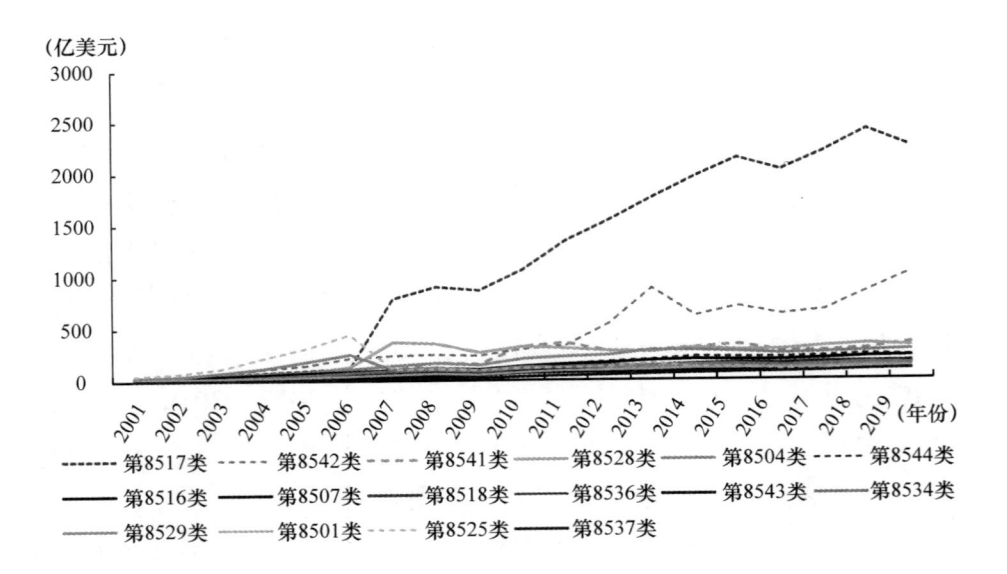

图 3.1　中国第 85 章电机、电气设备及其零件中前 16 类货物出口规模

资料来源：UN Comtrade。

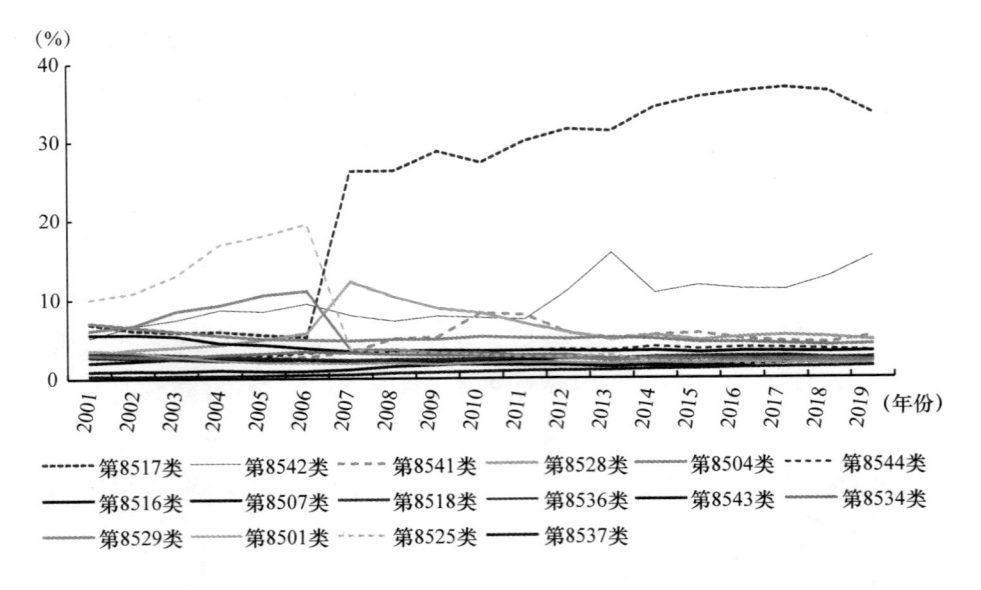

图 3.2　中国第 85 章电机、电气设备及其零件中前 16 类货物出口占比

资料来源：UN Comtrade，具体 4 位 HS 编码对应的产品类型参见表 3.2。

表 3.2　　　　2013—2019 年第 85 章电机、电气设备及其零件
主要出口产品及占比　　　　　　　单位：%

章节名称	产品名称	2013 年	2014 年	2015 年	2016 年	2017 年	2018 年	2019 年
HS Code 4	前 16 种货物总占比	86.0	85.7	85.9	86.7	86.8	87.2	87.7
第 8517 类	电话机和蜂窝网络设备等	31.2	34.2	35.5	36.2	36.6	36.2	33.4
第 8542 类	电子集成电路	15.7	10.7	11.7	11.2	11.1	12.7	15.2
第 8541 类	二极管、晶体管等半导体	5.0	5.4	5.6	4.8	4.5	4.4	5.2
第 8528 类	监视器和投影仪等	4.7	5.3	4.7	5.1	5.3	5.0	4.7
第 8504 类	变压器、静态转换器等	5.0	4.9	4.4	4.4	4.2	4.0	4.1
第 8544 类	绝缘线等	3.5	3.9	3.6	3.8	3.7	3.5	3.3
第 8516 类	瞬时或储水式电热水器等	3.3	3.4	3.1	3.3	3.3	3.2	3.3
第 8507 类	蓄电池等	1.4	1.6	1.7	1.9	1.9	2.2	2.5
第 8518 类	麦克风及其支架等	2.4	2.6	2.6	2.7	2.7	2.5	2.5
第 8536 类	电路或开关保护设备	2.2	2.5	2.3	2.5	2.5	2.4	2.4
第 8543 类	85 章中有独立功能的电机和装置	1.6	1.5	1.5	1.6	1.8	2.0	2.3
第 8534 类	印刷电路	2.4	2.4	2.4	2.3	2.3	2.3	2.2
第 8529 类	无线电等信号发收部件	2.1	2.3	1.9	2.0	2.2	2.0	2.0
第 8501 类	电动机和发电机（不包括发电机组）	1.8	1.9	1.8	1.9	1.8	1.8	1.7
第 8525 类	无线电广播或电视的传输装置	2.8	2.1	2.0	1.7	1.5	1.6	1.5
第 8537 类	8535 或 8536 设备面板、控制台	1.0	1.1	1.1	1.3	1.3	1.4	1.4

资料来源：UN Comtrade。

（2）国别（地区）结构

第一，第85章电机、电气设备及其零件的主要出口地区是中国香港和美国，如图3.3、图3.4所示。出口最多的前16个经济体总占比在78%—82%，2014年以来占比有逐年下降趋势，2019年前16位经济体总出口占比下降到78.1%。分国别（地区）来看，2019年前十位出口地与占比分别为中国香港22.3%、美国15.8%、韩国5.6%、日本4.8%、越南4.6%、中国台湾3.6%、荷兰3.5%、印度3.0%、德国2.7%、马来西亚2.1%。受美国对华科技制裁令影响，相较于2018年出口占比，2019年占比下降明显的有中国香港、美国、印度、日本，该类产品向美国出口占比下降2.2%。

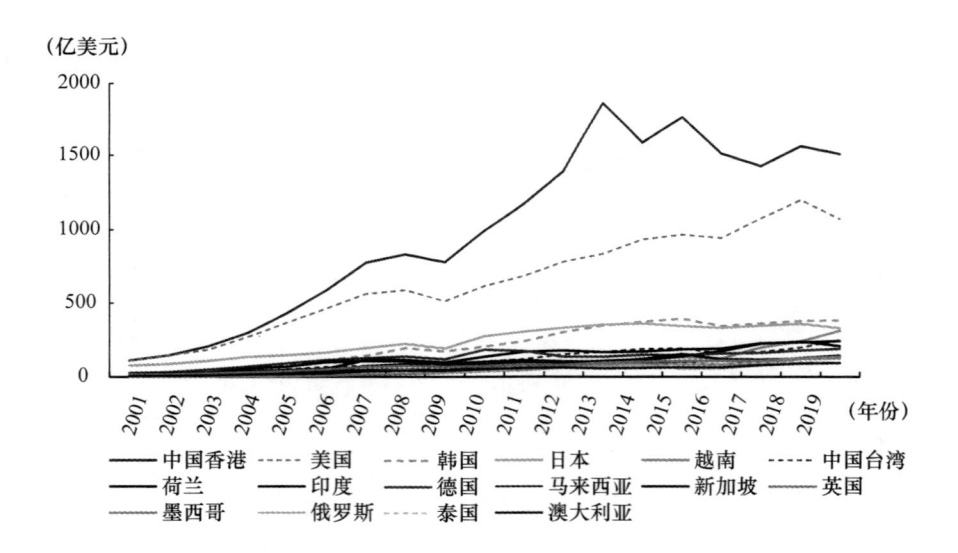

图3.3 中国第85章电机、电气设备及其零件出口规模最大的前16个国家（地区）

资料来源：UN Comtrade。

中国对外贸易报告(2019—2020) 63

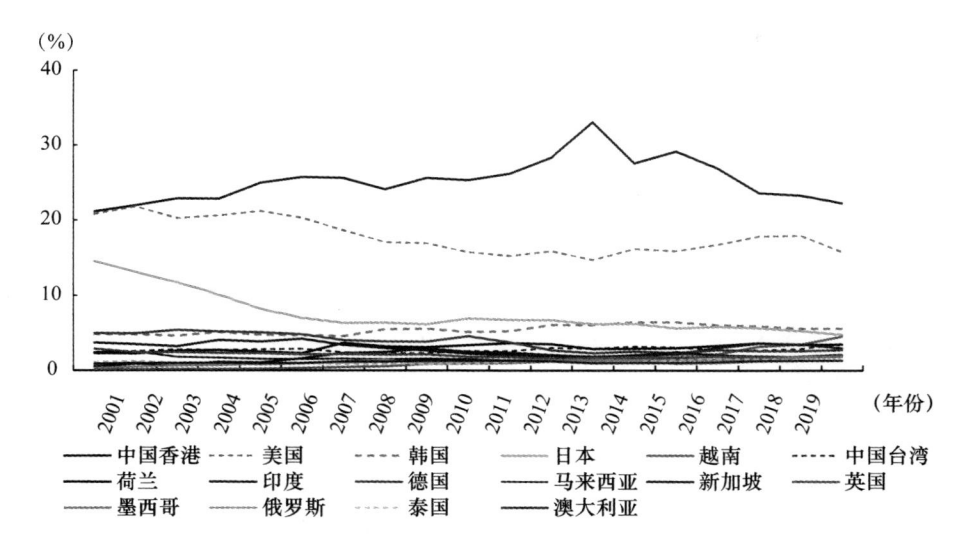

图 3.4　中国第 85 章电机、电气设备及其零件出口
最多的前 16 个国家（地区）占比

资料来源：UN Comtrade，具体 4 位 HS 编码对应的产品类型参见表 3.2。

表 3.3　　中国第 85 章电机、电气设备及其零件出口最多的
前 16 个国家（地区）占比　　　　　　单位：%

国家或地区	2013 年	2014 年	2015 年	2016 年	2017 年	2018 年	2019 年
前 16 位进口总占比	81.6	79.6	80.6	80.2	79.9	79.6	78.1
中国香港	33.1	27.7	29.2	27.0	23.7	23.4	22.3
美国	14.8	16.2	15.9	16.8	17.9	18.0	15.8
韩国	6.1	6.5	6.5	6.1	5.9	5.6	5.6
日本	6.2	6.3	5.6	5.9	5.7	5.3	4.8
越南	1.7	2.1	2.1	2.2	3.2	3.5	4.6
中国台湾	2.9	3.2	3.1	2.7	2.7	2.9	3.6
荷兰	2.9	2.9	3.0	3.3	3.7	3.4	3.5
印度	1.8	1.9	2.2	3.0	3.6	3.5	3.0
德国	2.3	2.5	2.4	2.8	2.6	2.6	2.7

续表

国家或地区	2013年	2014年	2015年	2016年	2017年	2018年	2019年
马来西亚	1.5	1.6	1.6	1.5	1.7	1.9	2.1
新加坡	1.9	2.0	2.5	2.1	1.9	1.8	2.0
英国	1.6	1.7	1.8	1.9	1.8	1.8	2.0
墨西哥	1.4	1.4	1.4	1.5	1.5	1.8	1.8
俄罗斯	1.2	1.4	0.9	1.0	1.2	1.4	1.4
泰国	1.1	1.1	1.4	1.5	1.5	1.4	1.4
澳大利亚	1.0	1.0	1.0	1.1	1.3	1.3	1.3

资料来源：UN Comtrade。

第二，从主要出口地区的产品构成看，向中国香港出口的该类主要产品为第8517类电话机和蜂窝网络设备等以及第8542类电子集成电路，第8541类二极管、晶体管等半导体，第8534类印刷电路等产品。向美国主要出口的是第8517类电话机和蜂窝网络设备等、第8528类监视器和投影仪等、第8516类瞬时或储水式电热水器等产品。具体占比参见表3.4、表3.5。

表3.4　　出口到中国香港的第85章电子产品前16位产品及占比　　单位：%

章节名称	产品名称	2013年	2014年	2015年	2016年	2017年	2018年	2019年
HS Code 4	前16种货物总占比	94.8	94.2	94.2	94.9	94.7	95.0	95.6
第8517类	电话机和蜂窝网络设备等	28.7	36.6	38.7	38.0	37.6	38.2	36.1
第8542类	电子集成电路	32.9	19.7	20.3	22.5	21.5	24.2	27.7
第8541类	二极管、晶体管等半导体	5.9	6.0	6.5	5.5	5.7	5.2	5.5
第8534类	印刷电路	4.3	5.3	4.8	5.1	5.8	5.7	5.3
第8504类	变压器、静态转换器等	5.6	5.2	4.1	4.5	4.5	4.1	4.0

续表

章节名称	产品名称	2013年	2014年	2015年	2016年	2017年	2018年	2019年
第8536类	电路或开关保护设备	2.2	2.8	2.2	2.6	2.9	2.8	2.6
第8529类	无线电等信号发收部件	1.9	2.7	1.9	2.4	3.2	2.6	2.3
第8544类	绝缘线等	2.1	2.9	2.1	2.7	2.5	2.2	2.1
第8543类	85章中有独立功能的电机和装置	1.6	1.7	1.6	1.5	1.8	1.5	2.1
第8507类	蓄电池等	1.2	1.5	1.4	1.4	1.7	1.6	1.6
第8525类	无线电广播或电视的传输装置	2.1	2.7	3.1	2.4	1.6	1.7	1.6
第8518类	麦克风及其支架等	1.4	1.8	1.9	2.2	2.4	1.8	1.5
第8532类	固定、可变或可调的"预设"电容器	3.0	2.9	3.4	1.8	1.7	1.7	1.3
第8523类	光盘、磁带、固态非易失性存储设备	1.2	1.4	1.5	1.5	0.9	0.8	0.9
第8528类	监视器和投影仪等	0.6	0.7	0.5	0.6	0.5	0.5	0.6
第8537类	8535或8536设备面板、控制台	0.2	0.2	0.2	0.3	0.3	0.5	0.6

资料来源：UN Comtrade。

表3.5　　出口到美国的第85章电子产品前16位产品及占比　　单位：%

章节名称	产品名称	2013年	2014年	2015年	2016年	2017年	2018年	2019年
HS Code 4	前16种货物总占比	83.0	83.5	83.9	84.8	87.7	88.3	89.2
第8517类	电话机和蜂窝网络设备等	36.5	37.9	39.0	40.5	43.1	44.4	45.3
第8528类	监视器和投影仪等	10.1	11.0	10.0	9.3	9.7	8.9	8.3
第8516类	瞬时或储水式电热水器等	5.5	5.4	5.4	5.4	5.1	5.2	5.8

续表

章节名称	产品名称	2013年	2014年	2015年	2016年	2017年	2018年	2019年
第8543类	85章中具有独立功能的电机和装置	2.4	2.0	2.1	2.3	2.7	3.5	3.7
第8518类	麦克风及其支架等	3.7	3.8	3.9	4.0	3.9	3.5	3.7
第8504类	变压器、静态转换器等	4.4	4.4	4.3	4.2	3.8	3.7	3.5
第8544类	绝缘线等	3.8	3.9	3.9	3.9	3.7	3.7	3.0
第8536类	电路或开关保护设备	1.9	1.9	2.0	2.1	2.1	2.1	2.1
第8507类	蓄电池等	1.1	1.4	1.6	1.7	1.5	1.7	2.1
第8509类	机电家用电器、配有独立的电动机	1.7	1.6	1.7	1.6	1.7	1.6	1.9
第8525类	无线电广播或电视的传输装置	3.8	2.5	2.1	1.8	1.9	1.9	1.8
第8501类	电动机和发电机（不包括发电机组）	2.1	2.1	2.1	2.2	2.1	1.9	1.8
第8539类	电灯丝或放电灯等	1.4	1.1	0.9	0.7	2.0	1.8	1.7
第8537类	8535或8536设备面板、控制台	1.1	1.2	1.5	1.6	1.4	1.5	1.7
第8508类	吸尘器，包括干式和湿式吸尘器	1.3	1.4	1.5	1.5	1.6	1.6	1.4
第8529类	无线电等信号发收部件	2.2	2.0	2.0	1.8	1.5	1.4	1.2

资料来源：UN Comtrade。

2. 第84章核反应堆、锅炉、机器、机械器具及其零件等通用设备出口情况

（1）产品结构

第84章核反应堆、锅炉、机器、机械器具及其零件是中国第二大出口产品，2019年占总出口的16.7%，如图3.5、图

3.6所示。该类产品中出口占比最高的是第8471类自动数据处理机、磁性或光学读取器等，2019年出口规模为1484亿美元，占该类产品的35.6%。其次是第8473类打印、复印和数据处理设备配件，2019年为324亿美元，占第84章产品总出口的7.8%。第8414类空气或真空泵压缩机等，第8443类8442中用的印版、滚筒和其他印刷组件，第8415类空调机、风扇的温控元件，第8481类管道水箱等的水龙头、旋塞、阀门占比相对接近，2019年这四类产品各自出口规模约为104亿美元，占第84章总出口的3.9%。从第84章货物出口的结构可以看出：

第一，出口占比较大的前三类产品第8471类自动数据处理机、磁性或光学读取器等以及第8473类打印、复印和数据处理设备配件，第8443类8442中用的印版、滚筒和其他印刷组件，其出口占比有下降趋势。前一种产品自2010年以来下降明显，后一种产品从2002年到2016年持续下降，尽管2018年有所反弹，但2019年再次下降。

第二，占比相对较小的其他类型产品，如第8431类8425至8430下合用的零件，第8421类离心机、过滤或净化液体或气体等设备，第8413类液体泵、液体升降机等，第8479类84章具有本章其他地方未指定或未包括的个别功能的机器和机械设备等出口占比有上升趋势。

第三，第8471类自动数据处理机、磁性或光学读取器等产品，出口占比最多的是第847130类重量小于10千克的便携自动数据处理设备。2019年，该大类产品中，30%出口到美国，16%出口到中国香港，9%出口到荷兰。中美贸易冲突对两地区出口比重影响不大。

第四，第8473类第8469类到第8472类下的零件和配件。其中占比97%的是第847330类即第8471类中所列机器的零件、配件。从地区来看，出口占比前三的地区为美国、中国香港、

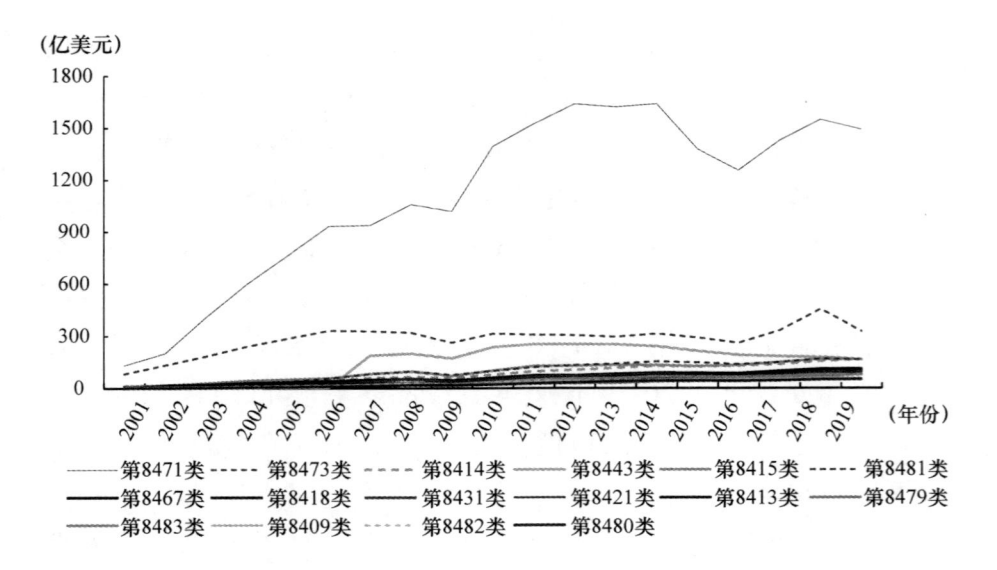

图 3.5　中国第 84 章核反应堆、锅炉、机器、机械器具及零件前 16 类货物出口规模

资料来源：UN Comtrade

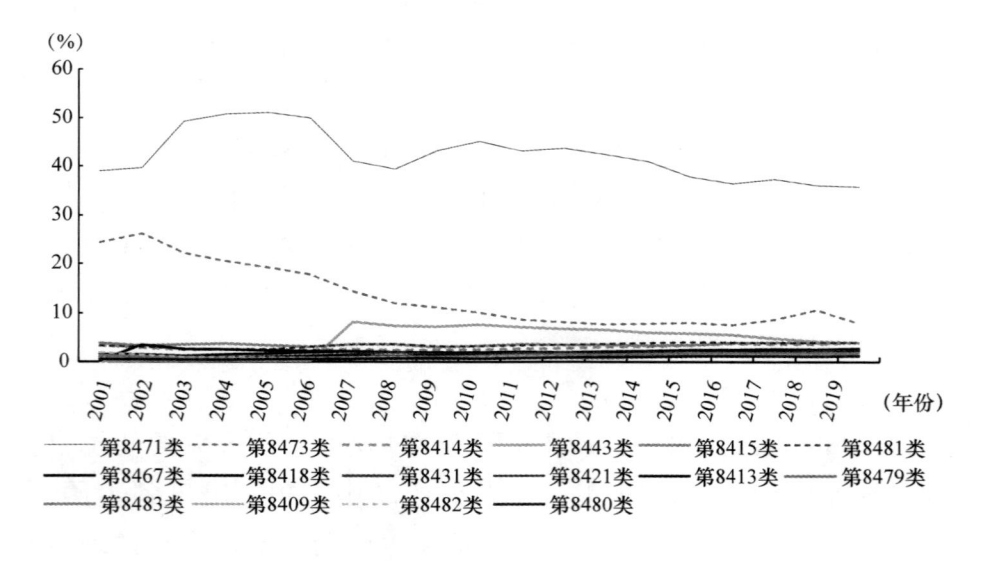

图 3.6　中国第 84 章等前 16 类货物出口占比

资料来源：UN Comtrade，具体 4 位 HS 编码对应的产品类型参见表 3.6。

韩国，美国出口占比最多，2012年以来美国占比一直下降，2019年降到31.3%，中国香港则从2012年开始逐年上升，2017年出口占比上升到28%，但2018年、2019年分别降低至27%、17%。韩国占比在逐渐上升，2017年为2.1%，2018年上升到3.5%，2019年达到5.8%。

表3.6　第84章核反应堆、锅炉、机器、机械器具及其零件的前16种货物出口产品及占比　　　单位：%

章节名称	产品名称	2013年	2014年	2015年	2016年	2017年	2018年	2019年
HS Code 4	前16种货物总占比	80.9	80.3	78.6	77.9	79.1	79.4	78.0
第8471类	自动数据处理机、磁性或光学读取器等	42.2	40.8	37.7	36.2	37.1	35.9	35.6
第8473类	打印、复印和数据处理	7.7	7.8	7.9	7.5	8.6	10.5	7.8
第8414类	空气或真空泵压缩机等	3.0	3.1	3.4	3.7	3.6	3.6	3.9
第8443类	8442中用的印版、滚筒和其他印刷组件	6.5	6.0	5.8	5.5	4.7	4.1	3.9
第8415类	空调机、风扇的温控元件	3.5	3.3	3.4	3.8	3.9	3.8	3.9
第8481类	管道水箱等的水龙头、旋塞、阀门	3.6	3.8	4.0	3.9	3.8	3.9	3.9
第8467类	手动、气动、液压或独立式工具	2.1	2.2	2.4	2.5	2.5	2.5	2.7
第8418类	冰箱、冰柜和其他冷冻设备	1.9	2.0	2.2	2.3	2.3	2.3	2.5
第8431类	8425至8430下合用的零件	1.9	2.0	1.9	1.8	1.9	2.1	2.2
第8421类	离心机、过滤或净化液体或气体等设备	1.2	1.4	1.5	1.7	1.7	1.6	2.1
第8413类	液体泵、液体升降机等	1.7	1.8	1.8	1.9	1.8	1.8	2.0

续表

章节名称	产品名称	2013年	2014年	2015年	2016年	2017年	2018年	2019年
第8479类	84章具有本章其他地方未指定或未包括的个别功能的机器和机械设备	0.8	1.0	1.1	1.3	1.4	1.5	1.9
第8483类	传动轴、轴承箱、齿轮、滚珠、飞轮等	1.5	1.6	1.8	1.8	1.8	1.8	1.8
第8409类	适用于8407或8408内燃活塞式发动机等	1.1	1.2	1.4	1.5	1.4	1.4	1.4
第8482类	球或滚子轴承等	1.2	1.2	1.3	1.3	1.3	1.3	1.2
第8480类	用于金属铸造的成型箱模架	1.0	1.0	1.2	1.2	1.1	1.1	1.2

资料来源：UN Comtrade。

（2）国别（地区）结构

第一，中国第84章核反应堆、锅炉、机器、机械器具及其零件国别（地区）规模及结构如图3.7、图3.8所示。出口最多的地区是美国和中国香港，受中美经贸摩擦影响，这两地占比剧烈下降。自2001年以来中国该类产品向美国出口规模持续趋势性上升，中美经贸摩擦影响之下，出口占比从2018年的24%下滑到了2019年的20.8%。出口到中国香港地区的该类产品占比从2001年以来持续下降，从2001年的22%下降到2019年的10.1%。占第三位的为日本，从2001年的10%左右，持续下降到2019年的6.3%。对荷兰和德国的出口占比也在下降。

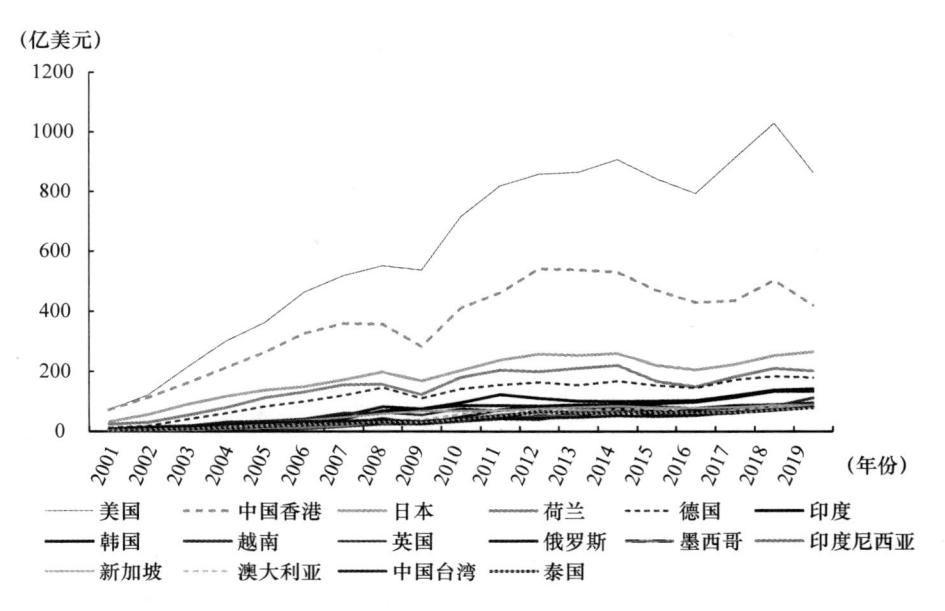

图 3.7 中国第 84 章核反应堆、锅炉、机器、机械器具
及其零件出口最多的前 16 个地区

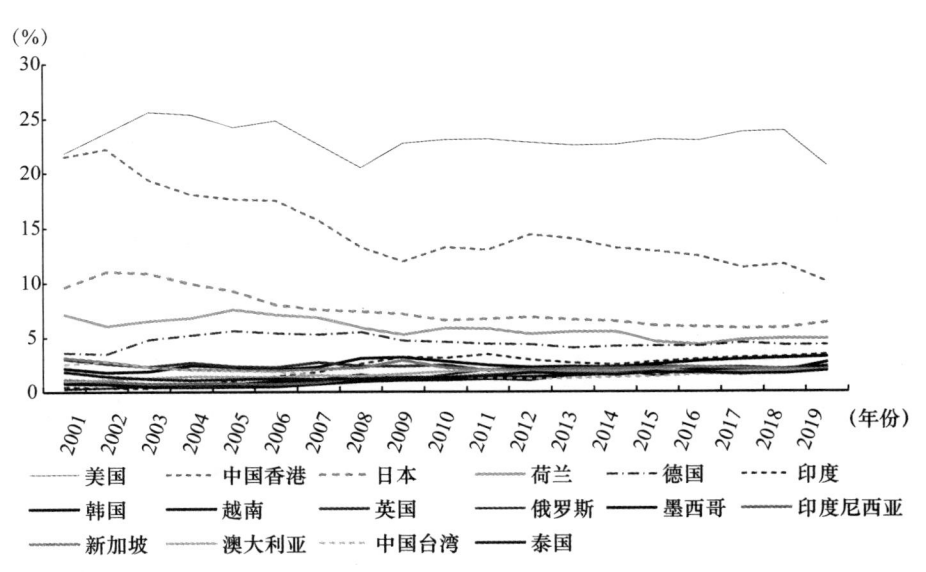

资料来源：UN Comtrade。

图 3.8 中国第 84 章核反应堆、锅炉、机器、机械器具
及其零件出口最多的前 16 个地区占比

资料来源：UN Comtrade。

表3.7 　　第84章核反应堆、锅炉、机器、机械器具及其零件出口最多的前16个地区占比　　　　　　单位：%

国家或地区	2013年	2014年	2015年	2016年	2017年	2018年	2019年
前16位进口总占比	73.9	73.3	73.0	73.5	73.7	74.3	72.4
美国	22.6	22.7	23.2	23.1	23.9	24.0	20.8
中国香港	14.1	13.2	12.9	12.5	11.4	11.7	10.1
日本	6.6	6.5	6.0	6.0	5.8	5.9	6.3
荷兰	5.5	5.5	4.6	4.3	4.8	4.9	4.8
德国	4.0	4.2	4.2	4.2	4.5	4.3	4.3
印度	2.7	2.5	2.8	3.0	3.2	3.2	3.4
韩国	2.3	2.3	2.6	2.9	3.0	3.1	3.2
越南	1.5	1.9	1.9	2.0	2.0	2.0	2.7
英国	2.2	2.3	2.3	2.3	2.1	2.1	2.3
俄罗斯	2.1	2.0	1.4	2.3	2.3	2.1	2.2
墨西哥	1.5	1.7	1.8	1.9	1.9	2.0	2.2
印度尼西亚	1.8	1.6	1.8	1.7	1.6	1.9	2.1
新加坡	2.1	2.1	2.2	2.3	2.1	2.1	2.0
澳大利亚	1.9	1.9	2.1	1.8	1.9	1.9	2.0
中国台湾	1.2	1.3	1.4	1.6	1.7	1.6	2.0
泰国	1.6	1.6	1.8	1.8	1.6	1.7	1.9

资料来源：UN Comtrade。

第二，本章产品出口到中国香港地区的前16类产品相对稳定，2013—2019年保持在96%左右，具体产品如表3.8所示。出口到中国香港的该类产品中，最多的是第8471类自动数据处理机、磁性或光学读取器等，2019年出口占比为57%。第二位是第8473类8469到8472下的零件和配件。

表3.8 出口到中国香港的第84章核反应堆、锅炉、机器、机械器具及其零件前16位产品及占比　　　　　　　　　　单位：%

章节名称	产品名称	2013年	2014年	2015年	2016年	2017年	2018年	2019年
HS Code 4	前16种货物总占比	96.3	95.9	95.7	95.8	96.1	96.9	96.3
第8471类	自动数据处理机、磁性或光学读取器等	57.2	56.6	57.8	60.5	57.6	53.2	57.1
第8473类	第8469类到8472类下的零件和配件	22.9	22.9	21.3	19.0	23.0	30.2	24.2
第8443类	用于印版、滚筒和其他印刷组件的设备	8.5	7.5	6.2	5.5	5.2	4.3	4.5
第8411类	涡轮喷气发动机涡轮螺旋桨和其他燃气轮机	0.8	1.9	2.8	2.9	2.5	1.3	1.9
第8414类	空气或真空泵压缩机等	1.6	1.5	1.5	1.4	1.4	1.4	1.4
第8479类	84章具有本章其他地方未指定或未包括的个别功能的机器和机械设备	0.5	0.5	0.7	0.9	1.0	1.1	1.4
第8486类	单独或主要用于半导体制造的机器和设备	0.5	0.7	0.8	0.9	1.3	1.6	1.0
第8421类	离心机、过滤或净化液体或气体等设备	0.3	0.3	0.3	0.3	0.4	0.4	0.8
第8415类	空调机、风扇的温控元件	0.5	0.6	0.7	0.8	0.7	0.7	0.7
第8480类	用于金属铸造的成型箱模架	1.5	1.3	1.4	1.3	0.9	0.8	0.7
第8418类	冰箱、冰柜和其他冷冻设备	0.2	0.2	0.3	0.3	0.3	0.4	0.6
第8481类	管道水箱等的水龙头、旋塞、阀门	0.7	0.6	0.7	0.6	0.6	0.6	0.5
第8431类	8425至8430下合用的零件	0.2	0.3	0.3	0.2	0.2	0.2	0.4

续表

章节名称	产品名称	2013年	2014年	2015年	2016年	2017年	2018年	2019年
第8470类	计算机和袖珍型数据记录仪	0.3	0.3	0.3	0.3	0.3	0.3	0.4
第8413类	液体泵、液体升降机等	0.3	0.3	0.4	0.4	0.3	0.3	0.4
第8467类	手动、气动、液压或独立式工具	0.3	0.2	0.3	0.4	0.4	0.3	0.3

资料来源：UN Comtrade。

第三，本章出口到美国的前16类产品相对稳定，具体产品如表3.9所示，出口占比最多的为第8471类自动数据处理机、磁性或光学读取器等，其次是第8473类产品，即为8469到8472下的零件和配件。2013—2018年，美国从中国进口的第8471类产品占比逐渐减小，从2013年的57.3%减小到2018年的46.6%，中美经贸摩擦对该章出口结构影响不大，2019年该类产品占比反而上升到了50.4%。

表3.9　出口到美国的第84章核反应堆、锅炉、机器、机械器具及其零件前16位产品及占比　　单位：%

章节名称	产品名称	2013年	2014年	2015年	2016年	2017年	2018年	2019年
HS Code 4	前16种货物总占比	90.0	89.3	87.8	87.6	88.5	88.9	88.7
第8471类	自动数据处理机、磁性或光学读取器等	57.3	54.4	50.2	49.2	48.7	46.6	50.4
第8473类	8469到8472下的零件和配件	5.7	6.9	8.3	8.2	10.1	11.9	6.3
第8467类	手动、气动、液压或独立式工具	2.6	2.6	3.1	3.4	3.4	3.5	4.4
第8481类	管道水箱等的水龙头、旋塞、阀门	3.7	4.0	4.0	3.9	4.0	4.4	4.2

续表

章节名称	产品名称	2013年	2014年	2015年	2016年	2017年	2018年	2019年
第8443类	8442中用的印版、滚筒和其他印刷组件	6.8	6.1	5.8	5.4	4.4	3.9	3.8
第8414类	空气或真空泵压缩机等	2.4	2.5	2.9	3.1	3.0	2.9	3.4
第8415类	空调机、风扇的温控元件	2.1	2.0	2.2	2.6	2.5	2.8	2.6
第8431类	8425至8430下合用的零件	1.4	2.0	1.6	1.4	1.8	2.0	2.2
第8483类	传动轴，含凸轮轴和曲轴以及曲柄	1.6	1.8	1.9	2.0	1.9	1.9	1.9
第8413类	液体泵、液体升降机等	1.5	1.8	1.6	1.6	1.6	1.7	1.8
第8418类	冰箱、冰柜和其他冷冻设备	1.3	1.5	1.6	1.9	1.8	1.9	1.8
第8409类	8407或8408下的内燃活塞式发动机	1.1	1.2	1.3	1.4	1.4	1.5	1.5
第8421类	离心机、过滤或净化液体或气体等设备	0.8	0.9	1.0	1.1	1.1	1.1	1.3
第8424类	用于喷射分散或喷洒液体或粉末的机械器具	0.8	0.7	0.9	1.0	1.0	1.0	1.1
第8479类	84章具有本章其他地方未指定或未包括的个别功能的机器和机械设备	0.5	0.5	0.7	0.8	1.0	1.0	1.0
第8412类	发动机和电动机	0.4	0.5	0.7	0.8	0.8	0.8	1.0

资料来源：UN Comtrade。

3. 第94章家具床上用品等出口情况

（1）产品结构

第94章家具床上用品等是中国第三大类出口产品，2013年以来出口占比在4%左右，2019年该类出口占4%，出口规模为

995亿美元，如图3.9、图3.10所示。该类产品包括六大类：灯具和照明设备，家具及其零件，座位，床垫支撑，木制建筑物，医疗、外科、牙科或兽医用家具等，前三类产品出口占比相对

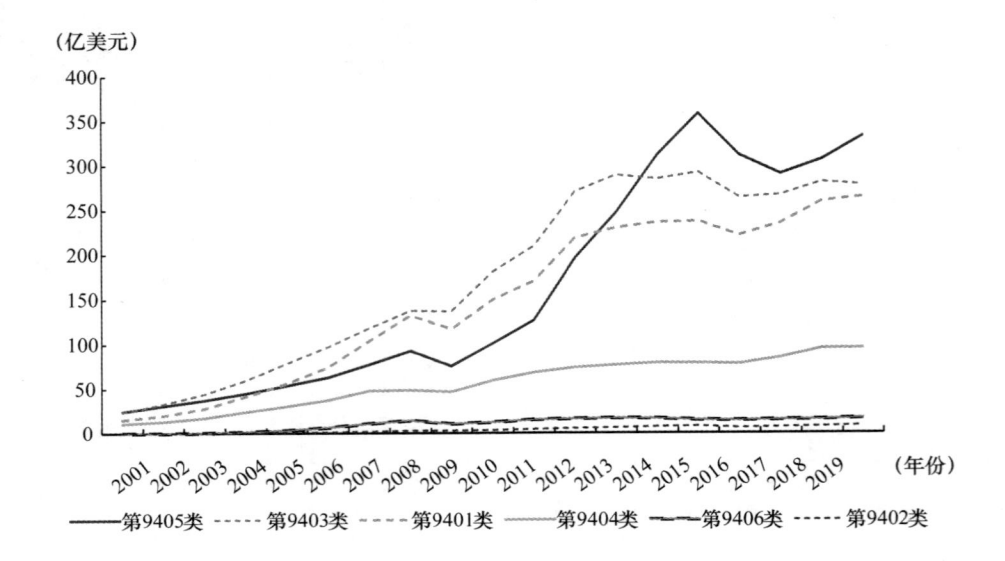

图 3.9　中国第 94 章家具床上用品等出口规模

资料来源：UN Comtrade。

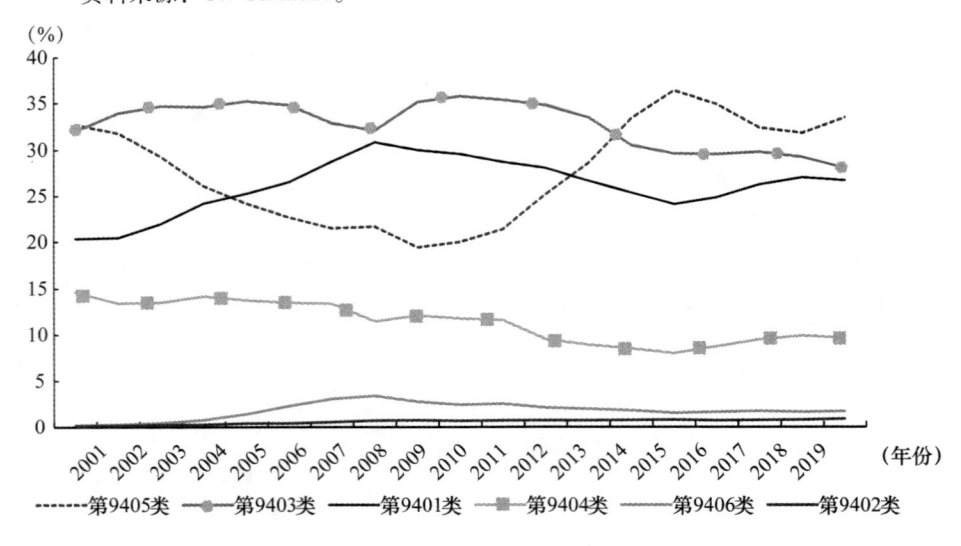

图 3.10　第 94 章家具床上用品的产品出口占比

资料来源：UN Comtrade。

较大。2019年六大类产品出口占比分别为33.4%、27.9%、26.6%、9.6%、1.7%、0.9%，如表3.10所示。

表3.10　第94章家具床上用品等出口及占比　单位：%

章节名称	产品名称	2013年	2014年	2015年	2016年	2017年	2018年	2019年
第9405类	灯具和照明设备	28.5	33.3	36.3	34.8	32.3	31.7	33.4
第9403类	家具及其零件	33.4	30.5	29.5	29.5	29.7	29.1	27.9
第9401类	座位	26.6	25.3	24.0	24.7	26.1	26.9	26.6
第9404类	床垫支撑	8.9	8.5	8.0	8.7	9.4	9.9	9.6
第9406类	木制建筑物	1.9	1.8	1.5	1.6	1.7	1.6	1.7
第9402类	医疗、外科、牙科或兽医用家具	0.7	0.7	0.8	0.7	0.7	0.8	0.9

资料来源：UN Comtrade。

（2）国别（地区）结构

从该类产品的出口地区结构看，如图3.11、图3.12所示，美国是主要的进口国，且2001年以来对中国该类产品的进口规模持续扩张，但中美经贸摩擦对此产生了较大影响，2019年美国对华该类产品进口规模为276亿美元，与2018年相比下降了17%，占比也从34.6%下降到了27.8%。该类产品出口到日本、英国、德国的比重接近，2019年在4.5%—5%，对其余各国的出口占比不足3%。

从结构变化来看，如表3.11所示，出口到日本、中国香港的该类产品占比持续下降，2013年出口到美国的占比在持续降低，2014年后开始反弹，但中美经贸摩擦再次下挫对美国的该类产品出口。

该类产品出口到美国的产品结构相对稳定，2019年前三类产品占比分别为家具及其零件30.3%、座位29.5%、灯具和照明设备27.5%（如表3.12所示）。

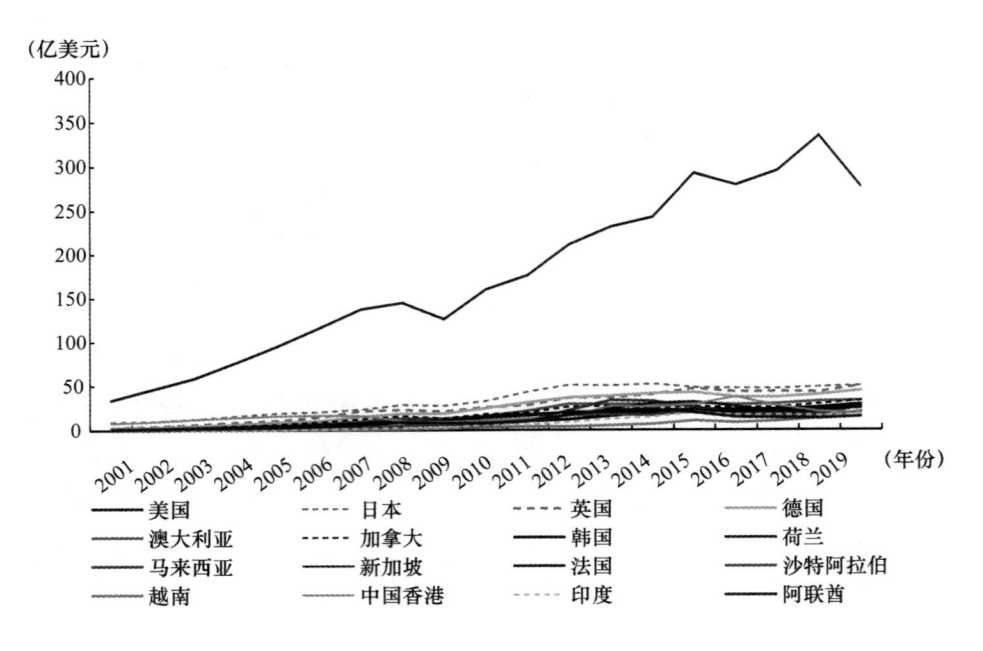

图 3.11　中国第 94 章家具床上用品等出口最多的前 16 个地区

资料来源：UN Comtrade。

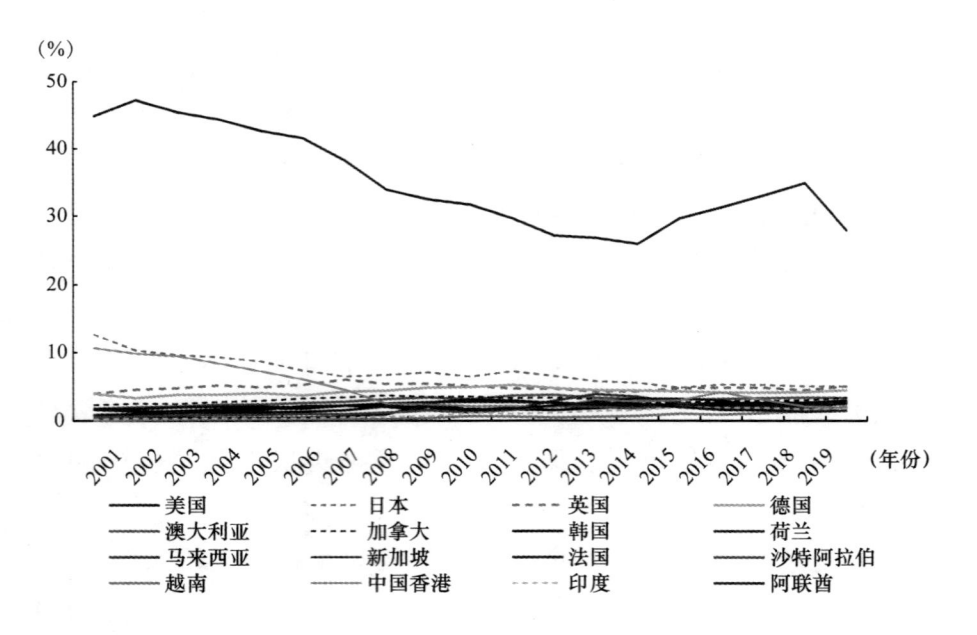

图 3.12　第 94 章家具床上用品等出口最多的前 16 个地区占比

资料来源：UN Comtrade。

表3.11　第94章家具床上用品等出口最多的前16个地区占比　　　单位：%

国家或地区	2013年	2014年	2015年	2016年	2017年	2018年	2019年
前16位进口总占比	70.7	68.8	71.9	74.1	74.1	74.1	71.8
美国	26.7	25.9	29.5	31.1	32.8	34.6	27.8
日本	5.8	5.5	4.8	5.3	5.2	5.0	5.0
英国	4.3	4.3	4.7	4.8	4.8	4.5	5.0
德国	4.5	4.4	4.3	4.2	4.1	4.2	4.5
澳大利亚	3.4	3.1	3.1	3.2	3.3	3.4	3.3
加拿大	3.1	2.7	2.7	2.9	2.9	3.0	3.3
韩国	1.8	2.1	2.4	2.6	2.6	2.6	2.9
荷兰	2.4	2.4	2.3	2.2	2.3	2.5	2.8
马来西亚	3.9	3.5	2.6	2.2	2.0	1.8	2.7
新加坡	2.8	3.3	3.2	3.0	2.3	2.1	2.6
法国	2.2	2.2	2.1	2.3	2.3	2.4	2.5
沙特阿拉伯	2.0	1.8	2.1	1.8	1.8	1.5	2.1
越南	0.6	0.7	1.0	0.9	1.1	1.4	2.0
中国香港	3.1	2.8	3.0	4.2	3.0	2.1	1.9
印度	1.5	1.6	2.0	1.9	1.9	1.7	1.8
阿联酋	2.6	2.5	2.0	1.6	1.5	1.3	1.5

资料来源：UN Comtrade。

表3.12　　出口到美国的第94章家具床上用品及占比　　　单位：%

章节名称	产品名称	2013年	2014年	2015年	2016年	2017年	2018年	2019年
第9403类	家具及其零件	33.1	32.2	29.3	30.8	33.1	33.2	30.3
第9401类	座位	30.5	29.8	27.2	28.5	29.4	28.9	29.5
第9405类	灯具和照明设备	24.9	26.9	33.5	30.1	25.7	26.0	27.5
第9404类	床垫支撑	10.7	10.3	9.2	9.7	10.8	11.0	11.4

续表

章节名称	产品名称	2013 年	2014 年	2015 年	2016 年	2017 年	2018 年	2019 年
第 9402 类	医疗、外科、牙科或兽医用家具	0.6	0.6	0.6	0.6	0.6	0.6	0.8
第 9406 类	木制建筑物	0.2	0.2	0.3	0.3	0.4	0.3	0.5

资料来源：UN Comtrade。

二 货物进口结构的基本特征

2001 年至今，中国货物进口规模持续上升。从 2001 年的 2436 亿美元，上升到了 2019 年的 20690 亿美元。2019 年进口规模相比上一年下降了 3.1%。从货物进口结构看，如表 3.13 所示，2001 年以来，中国进口数量最多的产品大类为第 85 章电机、电气设备及其零件，第 27 章矿物、燃料、矿物油及蒸馏产物，第 84 章核反应堆、锅炉、机器、机械器具及其零件，这三类产品规模也呈趋势性上升，尤其是第 85 章电机、电气设备及其零件类产品进口增幅较大。近年来，进口占比位居第四、第五位的是第 26 章矿砂、矿渣及矿灰，第 90 章光学、电影、摄影、医疗、精密仪器等，2019 年占比分别为 7.9%、4.8%。

从结构变化来看，第 85 章电机、电气设备及其零件类产品结构维持在 20%—27% 附近，但不同年份之间有所波动，2019 年占 24%。第 27 章矿物、燃料、矿物油及蒸馏产物进口占比有上升趋势，2001 年占该章产品的 7.2%，2019 年上升到了 16.6%。第 84 章核反应堆、锅炉、机器、机械器具及其零件在 2013 年以前占比有所下降，2013 年后该类产品进口占比稳定在 9% 附近。第 26 章矿砂、矿渣及矿灰的进口结构也呈趋势性上升，2001 年占比为 1.5%，2019 年上升到 7.9%。第 30 章医药产品进口占比也上升明显，从 2013 年的 0.8% 上升到 2019 年的 1.6%。

（一）中国进口的货物结构分析

表 3.13　　　　中国进口最多的前 16 类产品及占比　　　　单位：%

章节名称	产品名称	2013年	2014年	2015年	2016年	2017年	2018年	2019年
HS Code 4	前16种货物进口占比	82.1	83.1	81.1	80.9	82.4	85.1	84.9
第85章	电机、电气设备及其零件	22.5	21.7	25.7	26.1	24.7	24.4	24.0
第27章	矿物、燃料、矿物油及蒸馏产物	16.2	16.2	11.8	11.1	13.4	16.3	16.6
第84章	核反应堆、锅炉、机器、机械器具及其零件	8.7	9.2	9.3	9.3	9.2	9.5	9.2
第26章	矿砂、矿渣及矿灰	7.6	6.9	5.7	5.9	6.8	6.4	7.9
第90章	光学、电影、摄影、医疗、精密仪器等	5.5	5.4	5.9	5.8	5.3	4.8	4.8
第87章	铁路或有轨电车外车辆	3.8	4.6	4.1	4.5	4.3	3.8	3.6
第39章	塑料及制品	3.7	3.8	3.9	3.8	3.7	3.5	3.5
第71章	珍珠宝石贵重金属	0.9	2.1	1.1	1.0	0.8	2.9	2.9
第29章	有机化学品	3.4	3.1	2.8	2.8	3.0	3.2	2.8
第74章	铜及制品	2.6	2.4	2.3	2.1	2.2	2.2	2.0
第12章	含油子仁、果实、工业或药用植物稻草	2.2	2.3	2.4	2.4	2.4	2.0	1.9
第30章	医药产品	0.8	0.9	1.1	1.3	1.4	1.3	1.6
第72章	钢铁	1.1	1.1	1.1	1.1	1.2	1.0	1.1
第44章	木材及木制品	1.0	1.2	1.1	1.2	1.3	1.2	1.1
第88章	航空器、航天器及其零件	1.2	1.5	1.7	1.4	1.4	1.4	0.9
第47章	木浆纸浆	0.9	0.9	1.1	1.1	1.2	1.1	0.9

资料来源：UN Comtrade。

（二）重点货物出口结构及国别（地区）分布

1. 第85章电机、电气设备及其零件的进口情况

（1）产品结构

2019年第85章电机、电气设备及其零件进口规模为4968亿美元，占总进口的24%，位居中国产品进口首位。从其结构看，如图3.13、图3.14、表3.14所示，进口数量最多的为第8542类电子集成电路，2019年进口额达3059亿美元，占该类产品进口的61.6%，该类产品自2001年以来占比持续上升。其次是第8517类电话机和蜂窝网络设备等，2019年占8.6%，该类产品进口占比最近两年有所下降。第三位进口产品为第8541类二极管、晶体管等半导体，2019年占该大类货物进口的5.3%。

2013年以来，前16位商品中的第8542类电子集成电路和第8529类无线电等信号发收部件，进口占比有持续上升的趋势，其余各类的进口占比有下降的趋势。

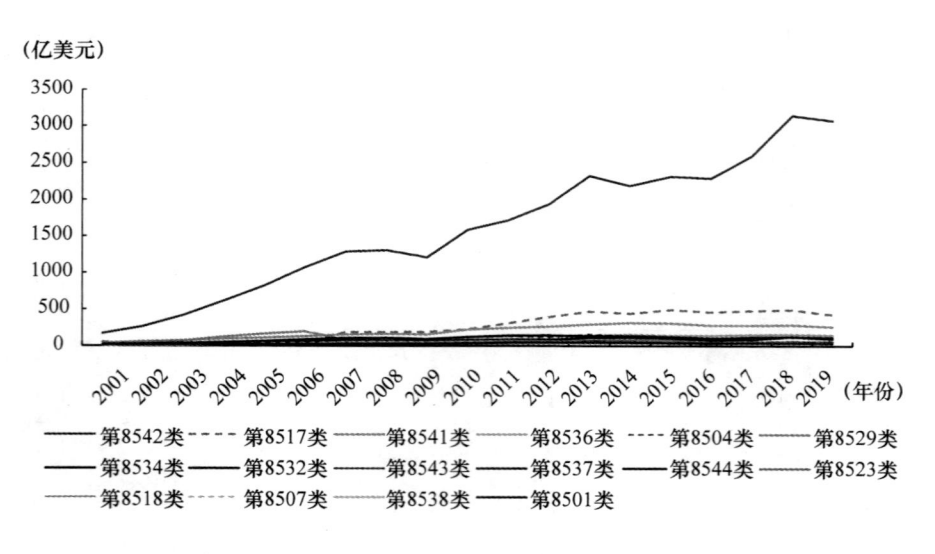

图3.13 中国第85章电机、电气设备及其零件的前16类货物进口规模
资料来源：UN Comtrade。

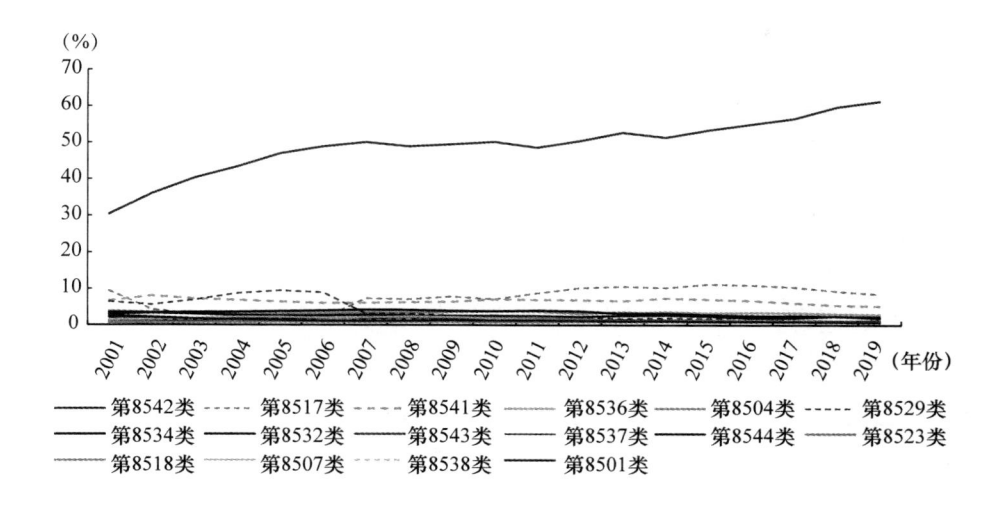

图 3.14　中国第 85 章电机、电气设备及其零件中前 16 类产品进口占比

资料来源：UN Comtrade。

表 3.14　　　　第 85 章电机、电气设备及其零件进口产品及占比　　　　单位：%

章节名称	产品名称	2013 年	2014 年	2015 年	2016 年	2017 年	2018 年	2019 年
HS Code 4	前 16 种货物进口占比	92.7	92.8	93.4	94.1	94.5	95.0	95.1
第 8542 类	电子集成电路	52.8	51.5	53.5	55.2	56.8	60.0	61.6
第 8517 类	电话机和蜂窝网络设备等	10.7	10.3	11.3	11.1	10.5	9.4	8.6
第 8541 类	二极管、晶体管等半导体	6.7	7.4	7.1	6.8	6.1	5.5	5.3
第 8536 类	开关或保护电路设备	3.3	3.6	3.3	3.4	3.4	3.0	2.9
第 8504 类	变压器、静态转换器等	3.6	3.2	2.7	2.6	2.4	2.3	2.4
第 8529 类	无线电等信号发收部件	1.7	1.9	1.7	2.3	2.7	2.3	2.3
第 8534 类	印刷电路	3.1	3.2	2.8	2.5	2.5	2.4	2.3
第 8532 类	固定、可变或可调的"预设"电容器	2.5	2.7	2.4	2.0	1.9	2.4	2.0
第 8543 类	85 章中有独立功能的电机和装置	1.0	1.0	1.0	1.1	1.1	1.0	1.2

续表

章节名称	产品名称	2013年	2014年	2015年	2016年	2017年	2018年	2019年
第8537类	8535或8536设备面板、控制台	1.0	1.2	1.1	1.2	1.1	1.1	1.1
第8544类	绝缘线等	1.4	1.4	1.3	1.2	1.2	1.1	1.1
第8523类	光盘磁带固态非易失性存储设备等	1.3	1.3	1.4	1.2	1.1	1.0	0.9
第8518类	麦克风及其支架等	0.9	0.9	0.9	0.9	1.0	0.9	0.9
第8507类	蓄电池等	1.0	1.0	1.0	0.9	0.9	0.9	0.9
第8538类	8535、8536或8537的装置	0.9	1.0	0.9	0.9	0.9	0.9	0.8
第8501类	电动机和发电机（不包括发电机组）	1.0	1.1	0.9	0.9	0.9	0.8	0.7

资料来源：UN Comtrade。

（2）国别（地区）结构

第85章产品进口的前16个国家（地区）进口占比达78.7%，而且该比值自2013年以来在趋势性上升，2019年达78.7%。从国别（地区）结构来看，如图3.15、图3.16、表3.15所示，从中国台湾的进口比重最大，而且自2001年以来呈趋势性的上升，2001年从中国台湾的进口占比为13%，2019年上升为22.9%。中美经贸摩擦影响之下，相对于2018年进口占比上升了1.1个百分点。从韩国的进口占比也相对较高，2001—2018年呈趋势性的上升，但在中美经贸摩擦影响波及之下，从韩国的进口比例从2018年的19.2%下降到了2019年的15.9%。从日本的进口比重在持续下降，2001年中国从日本进口的该类产品占该类总进口的22.2%，但20年内在持续下滑，2019年降到8.8%。进口占比在日本之后的是马来西亚，2010年以来进口占比有所下降，但中美经贸摩擦之后又开始上升。

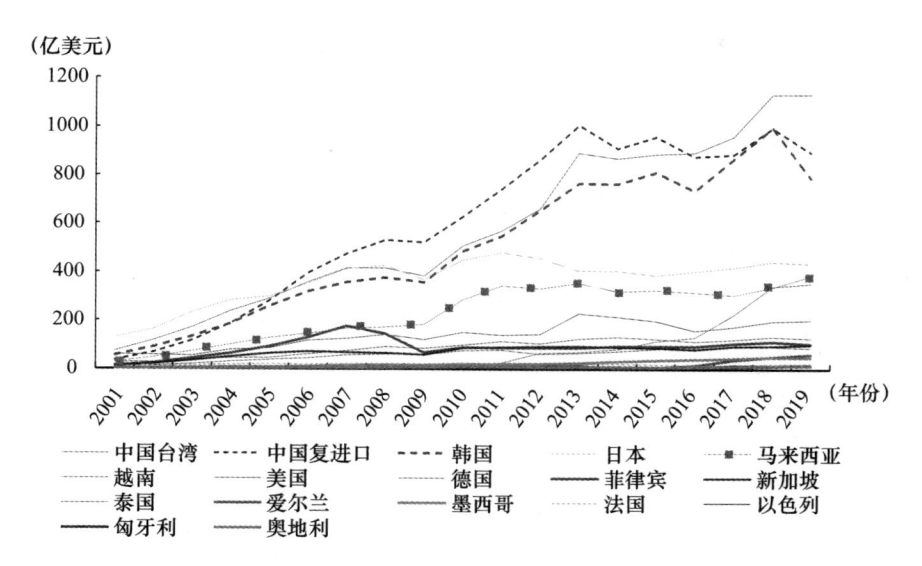

图3.15 中国第85章电机、电气设备及其零件进口最多的前16个国家（地区）规模
资料来源：UN Comtrade。

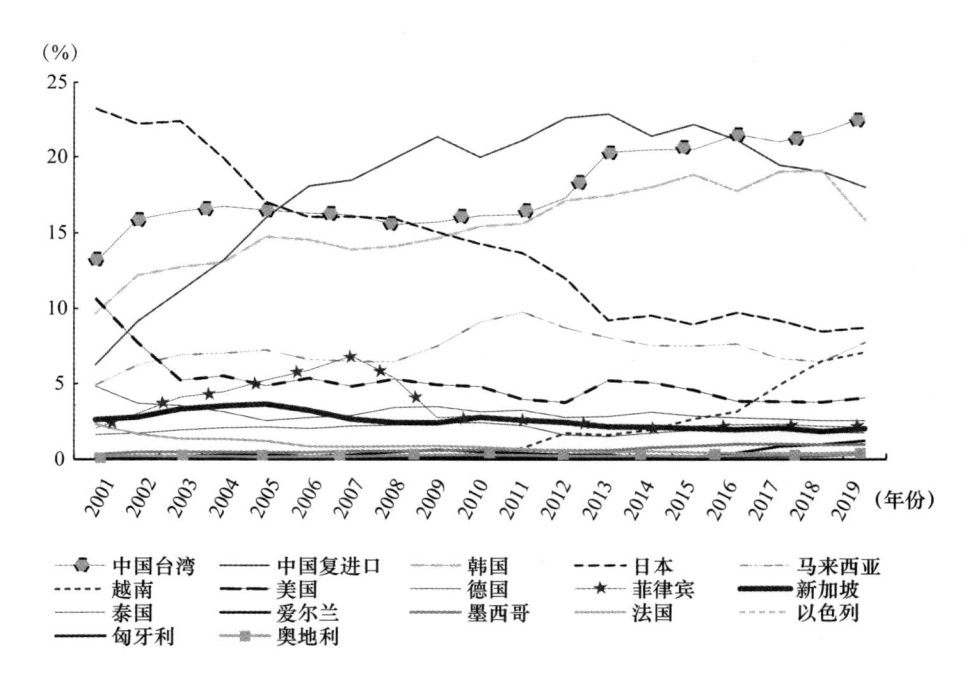

图3.16 中国第85章电机、电气设备及其零件进口最多的前16个国家（地区）占比
资料来源：UN Comtrade。

值得注意的是，从越南进口的该类产品占比上升较快，2013 年为 1.6%，2019 年上升到了 7.1%。2013 年以来从美国进口的该类产品占比有所下降，中美经贸摩擦没有对该类产品进口产生负面影响，相反还比 2018 年上升了 0.3 个百分点。

表 3.15　中国第 85 章电机、电气设备及其零件进口最多的前 16 个地区占比　　单位：%

国家或地区	2013 年	2014 年	2015 年	2016 年	2017 年	2018 年	2019 年
前 16 位总占比（除复进口）	72.4	74.0	74.3	75.4	77.1	77.7	78.7
中国台湾	20.4	20.6	20.6	21.6	21.1	21.8	22.9
中国复进口	23.0	21.5	22.3	21.3	19.5	19.1	18.1
韩国	17.5	18.1	18.9	17.8	19.1	19.2	15.9
日本	9.2	9.6	9.0	9.8	9.2	8.5	8.8
马来西亚	8.1	7.6	7.6	7.7	6.7	6.5	7.8
越南	1.6	1.9	2.7	3.1	4.9	6.5	7.1
美国	5.2	5.1	4.6	3.8	3.8	3.8	4.1
德国	2.8	3.1	2.9	2.7	2.7	2.6	2.6
菲律宾	2.0	2.2	2.2	2.3	2.3	2.2	2.1
新加坡	2.1	2.1	2.0	2.0	2.1	1.8	2.0
泰国	1.5	1.7	1.9	2.1	2.0	1.8	1.8
爱尔兰	0.3	0.1	0.2	0.4	0.8	1.0	1.2
墨西哥	0.6	0.8	0.9	1.0	1.0	0.9	1.0
法国	0.4	0.5	0.4	0.4	0.4	0.4	0.5
以色列	0.2	0.2	0.2	0.3	0.2	0.3	0.4
匈牙利	0.1	0.2	0.1	0.2	0.2	0.2	0.3
奥地利	0.2	0.2	0.2	0.2	0.3	0.3	0.3

资料来源：UN Comtrade。

从进口最多的两地的产品结构看，从中国台湾进口的第 8542 类产品电子集成电路最多，且占比自 2013 年来持续上升，

2019年占该类产品自台湾进口的87.3%；进口第二位的产品是第8541类二极管、晶体管等半导体，2019年占比为3.4%。具体前16位产品的台湾进口结构如表3.16。如表3.17所示，从韩国进口的该类产品最多的也是第8542类电子集成电路，自2013年以来占比持续上升，从61.9%上升到了2019年的80.1%，受中美经贸摩擦影响相对上年下降了2.2个百分点。从韩国进口的第8517类电话机和蜂窝网络设备等占比在持续下降，2013年占韩国该类产品的13.5%，2019年下降到了5.0%。其他类进口占比明显下降的产品还有第8534类印刷电路，第8541类二极管、晶体管等半导体，第8536类电路或开关保护设备以及第8525类无线电广播或电视的传输装置。

表3.16 从中国台湾进口的第85章电机、电气设备及其零件前16位产品及占比

单位：%

章节名称	产品名称	2013年	2014年	2015年	2016年	2017年	2018年	2019年
HS Code 4	前16种进口占比	98.9	98.9	98.9	98.9	99.0	99.2	99.4
第8542类	电子集成电路	80.5	76.4	77.3	81.8	83.6	85.9	87.3
第8541类	二极管、晶体管等半导体	6.2	7.3	8.3	6.1	4.8	3.8	3.4
第8534类	印刷电路	3.5	3.7	3.4	2.9	3.1	2.8	2.7
第8517类	电话机和蜂窝网络设备等	3.0	3.1	2.2	2.3	2.5	2.0	2.0
第8523类	光盘磁带固态非易失性存储设备	1.2	1.0	1.6	1.1	0.8	0.6	0.6
第8529类	无线电等信号发收部件	0.9	1.0	0.8	0.8	0.7	0.7	0.5
第8532类	固定、可变或可调的"预设"电容器	0.7	3.0	2.8	1.1	0.7	1.0	0.5
第8543类	85章中有独立功能的电机和装置	0.2	0.2	0.3	0.4	0.4	0.4	0.5
第8536类	电路或开关保护设备	0.5	0.6	0.6	0.6	0.6	0.5	0.5

续表

章节名称	产品名称	2013年	2014年	2015年	2016年	2017年	2018年	2019年
第8504类	变压器、静态转换器等	0.9	1.3	0.6	0.5	0.5	0.4	0.4
第8533类	电阻器	0.3	0.4	0.3	0.6	0.4	0.4	0.4
第8538类	8535、8536或8537下的设备	0.2	0.3	0.2	0.2	0.2	0.2	0.2
第8544类	绝缘线等	0.3	0.3	0.2	0.2	0.2	0.2	0.1
第8548类	蓄电池	0.1	0.1	0.1	0.1	0.2	0.1	0.1
第8537类	8535或8536设备面板、控制台	0.2	0.2	0.1	0.1	0.1	0.1	0.1
第8514类	工业或实验室电炉和烤箱	0.1	0.1	0.1	0.1	0.1	0.1	0.1

资料来源：UN Comtrade。

表3.17　　从韩国进口的第85章电机、电气设备及其零件前16位产品及占比　　单位：%

章节名称	产品名称	2013年	2014年	2015年	2016年	2017年	2018年	2019年
HS Code 4	前16种进口总比例	97.6	97.2	97.5	97.5	98.3	98.7	98.5
第8542类	电子集成电路	61.9	65.3	69.7	71.3	75.4	82.3	80.1
第8517类	电话机和蜂窝网络设备等	13.5	11.6	10.4	9.3	6.9	4.1	5.0
第8529类	无线电等信号发收部件	2.1	1.9	1.3	2.9	3.7	2.0	2.8
第8534类	印刷电路	4.4	3.7	2.7	2.4	2.5	1.7	2.1
第8541类	二极管、晶体管等半导体	4.3	3.6	3.8	3.3	2.9	2.1	1.9
第8536类	电路或开关保护设备	2.0	1.9	1.6	1.8	1.4	1.2	1.5
第8507类	蓄电池等	1.8	1.7	1.3	1.5	1.0	1.1	1.3
第8544类	绝缘线等	0.9	0.9	0.8	0.8	0.7	0.6	0.7
第8532类	固定、可变或可调的"预设"电容器	1.0	1.0	0.8	0.7	0.6	0.7	0.6

续表

章节名称	产品名称	2013年	2014年	2015年	2016年	2017年	2018年	2019年
第8543类	85章中有独立功能的电机和装置	0.3	0.3	0.2	0.2	0.3	0.4	0.6
第8537类	8535或8536设备面板、控制台	0.4	0.3	0.4	0.5	0.3	0.4	0.5
第8538类	8535、8536或8537下使用的零件	0.4	0.5	0.4	0.4	0.4	0.4	0.4
第8504类	变压器、静态转换器等	0.9	0.5	0.4	0.4	0.4	0.4	0.3
第8501类	电动机和发电机（不包括发电机组）	0.3	0.3	0.4	0.5	0.3	0.2	0.3
第8525类	无线电广播或电视的传输装置	2.8	2.7	2.6	1.1	1.2	0.9	0.3
第8523类	光盘磁带固态非易失性存储设备	0.5	0.6	0.6	0.5	0.2	0.1	0.2

资料来源：UN Comtrade。

2. 第27章矿物、燃料、矿物油及蒸馏产物

（1）产品结构

第27章矿物、燃料、矿物油及蒸馏产物等是中国第二大进口货物类型。2001年以来该项产品的总进口规模持续扩张，但增速起伏不定，自2013年以来进口占比呈先降后升趋势。2019年进口规模为3436亿美元，占总进口的16.6%。

从该类产品的具体构成看，如图3.17、图3.18、表3.18所示，其中接近65%—70%的产品是第2709类石油原油及从沥青矿物中提取的原油。2001年以来该类产品总规模呈趋势性的上升，但2014—2018年受国内经济和改革的影响，总规模先降后升，但总体进口占比相对稳定。第2710类石油及从沥青矿物中提取的油类、废油进口占比持续下降，2001年占比为19.6%，2019年下降到5%。2008年后，第2711类石油气和其他气态碳氢化合物进口占比有持续上升趋势，2013年占比为7.8%，

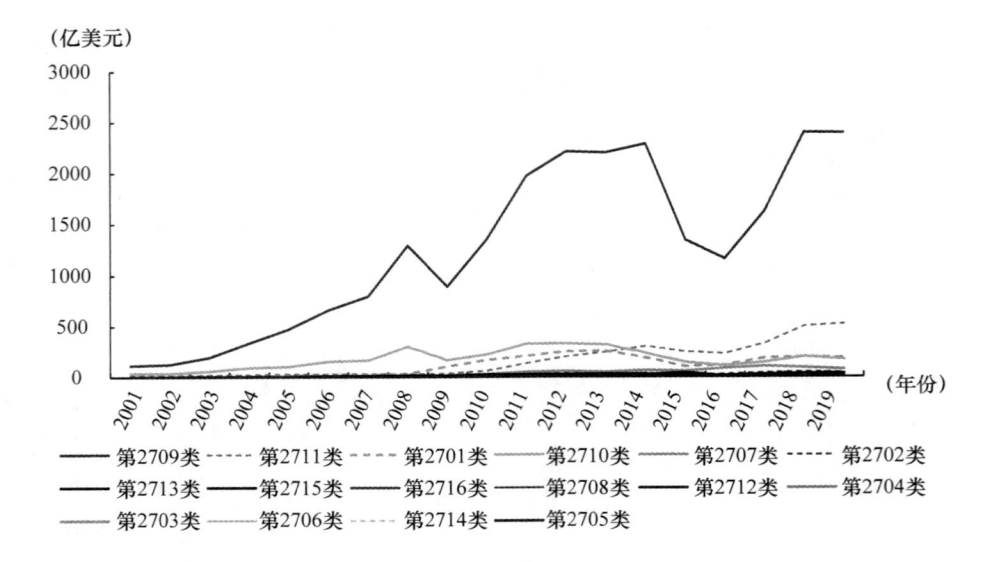

图 3.17　中国第 27 章矿物、燃料、矿物油及蒸馏产物等前 16 位产品进口规模
资料来源：UN Comtrade。

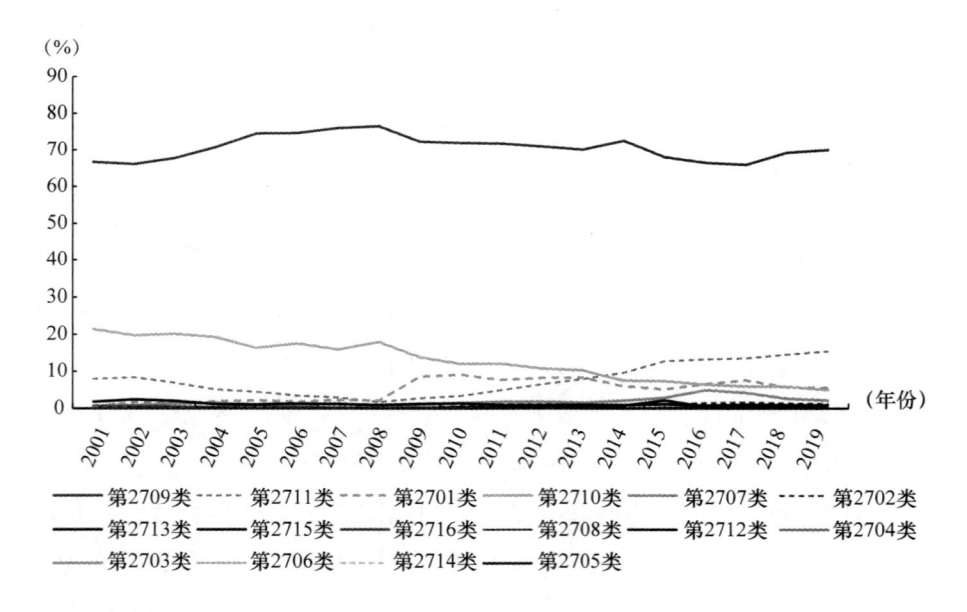

图 3.18　中国第 27 章矿物、燃料、矿物油及蒸馏产物等前 16 位产品进口占比
资料来源：UN Comtrade。

2019年上升到了15.2%。国内去产能改革和清洁能源使用计划减少了对第2701类煤和类固体燃料的进口占比,2013年进口占比为8.2%,2019年下降到了5.5%。

表3.18　　　中国第27章矿物、燃料、矿物油及蒸馏

产物等前16位进口产品及占比　　　单位:%

章节名称	产品名称	2013年	2014年	2015年	2016年	2017年	2018年	2019年
第2709类	石油原油及从沥青矿物中提取的原油	69.7	72.1	67.6	66.1	65.5	68.8	69.5
第2711类	石油气和其他气态碳氢化合物	7.8	9.5	12.6	13.1	13.3	14.4	15.2
第2701类	煤和类固体燃料	8.2	6.0	5.1	6.5	7.5	5.6	5.5
第2710类	石油及从沥青矿物中提取的油类、废油	10.2	7.4	7.2	6.3	5.8	5.8	5.0
第2707类	石油和其他产品的高温煤焦油蒸馏	1.5	2.1	2.9	4.9	4.2	2.6	2.2
第2702类	褐煤	1.0	1.1	1.0	1.5	1.6	1.4	1.3
第2713类	石油焦或石油沥青	1.0	0.9	1.2	0.8	1.0	1.0	1.0
第2715类	天然沥青胶泥	0.3	0.8	2.1	0.5	0.8	0.2	0.2
第2716类	电能	0.1	0.1	0.2	0.2	0.1	0.1	0.1
第2708类	从煤焦油或其他矿物焦油所得的沥青及沥青焦	0	0	0	0	0	0.1	0
第2712类	凡士林石蜡微晶石油蜡	0	0	0.1	0.1	0.1	0	0
第2704类	煤褐煤或泥煤的焦炭和半焦炭	0	0	0	0	0	0	0
第2703类	泥炭	0	0	0	0	0	0	0
第2706类	从煤褐煤或泥煤中提炼出的焦油	0	0	0	0	0	0	0

续表

章节名称	产品名称	2013年	2014年	2015年	2016年	2017年	2018年	2019年
第2714类	天然沥青和柏油或油页岩和焦油砂	0	0	0	0	0	0	0
第2705类	煤气贫煤气和类气体	0	0	0	0	0	0	0

资料来源：UN Comtrade。

（2）地区结构

由于希望将从美国的进口占比包含进来，因此本章选取了前21个进口来源地的占比分析。第27章矿物、燃料、矿物油及蒸馏产物是中国进口的第二大类商品，2013年以来占比呈先降后升趋势，2019年进口规模为3436亿美元，占总进口的16.6%。

中国的该类产品进口来源地分布相对松散，前十类产品进口来源地分布差距相对较小，如图3.19、图3.20、表3.19所示。呈现如下几个特征：一是俄罗斯在近年来逐渐成为该类产品进口的最大来源地，2008年以来呈持续上升趋势，2019年便以12.2%位居该类中国产品进口之首。二是近年来位居俄罗斯之后的是沙特阿拉伯，2008年以后从沙特阿拉伯的进口占比在逐渐减小，2018年下降到9%，2019年反弹到了12%。三是安哥拉也是中国进口的重要来源地，但2008年以后从该地进口的占比在逐年收缩，2008年占13.2%，2019年下降到了6.8%。四是中国从伊朗的进口占比也下降较快，2001年占12.3%，2019年降到了2.1%。五是从韩国的进口占比也下降较快，从2001年的11.9%下降到了2019年的2.9%。六是除俄罗斯以外占比上升较快的国家有伊拉克、澳大利亚和巴西，中国从美国进口的该类产品占比相对较低，从2008年的0.9%趋势性上升到2018年的3.0%，但受中美经贸摩擦的影响，2019年下降到了1.2%。

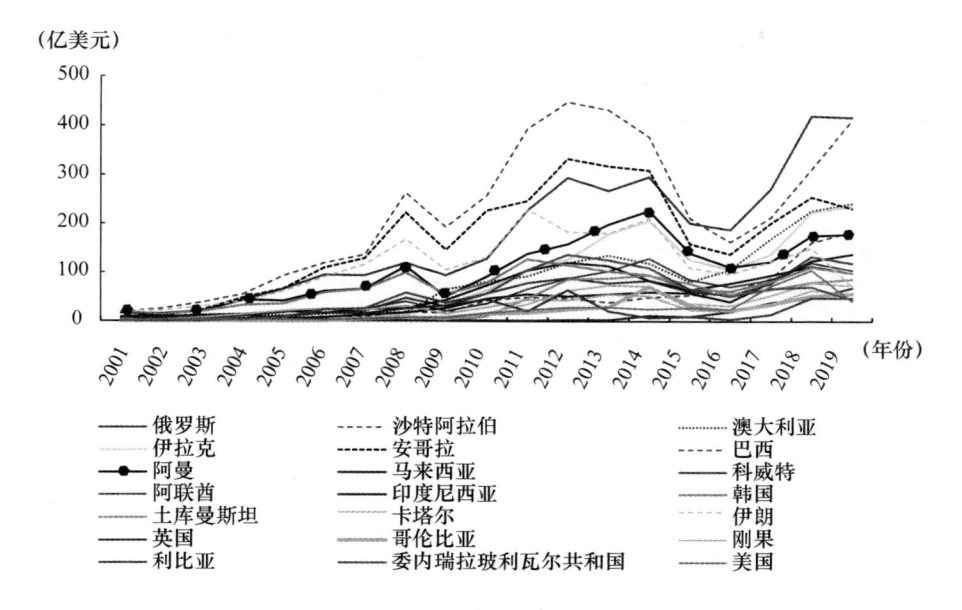

图 3.19 中国第 27 章矿物、燃料、矿物油及蒸馏产物等前 21 个进口来源地规模
资料来源：UN Comtrade。

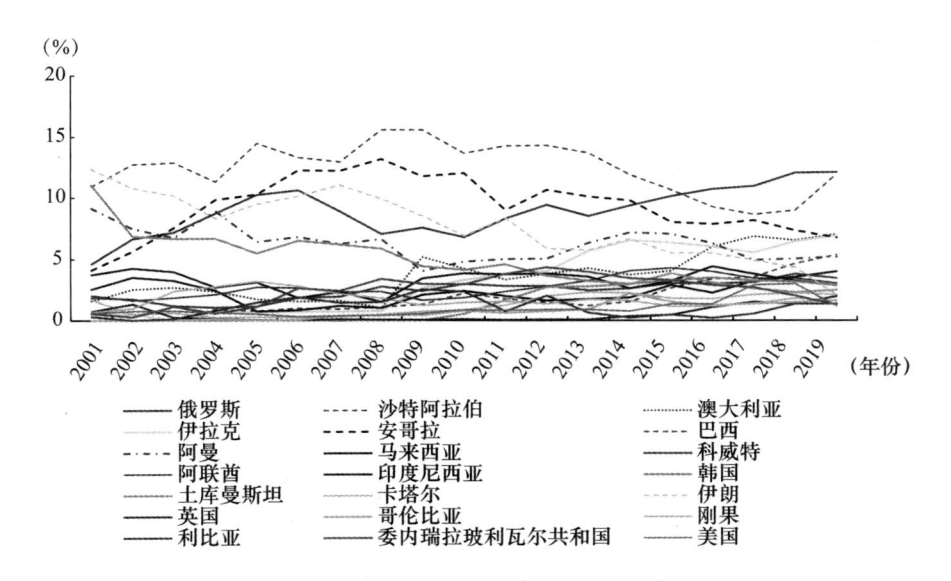

图 3.20 中国第 27 章矿物、燃料、矿物油及蒸馏产物等前 21 个进口来源地占比
资料来源：UN Comtrade。

表 3.19　中国第 27 章矿物、燃料、矿物油及蒸馏产物等进口最多的前 21 个国家（地区）占比　　　单位：%

国家或地区	2013 年	2014 年	2015 年	2016 年	2017 年	2018 年	2019 年
前 21 国总占比	83.4	85.1	85.5	85.5	86.0	88.6	87.8
俄罗斯	8.5	9.4	10.2	10.8	11.0	12.1	12.2
沙特阿拉伯	13.7	12.0	10.7	9.3	8.7	9.0	12.0
澳大利亚	4.3	3.8	4.1	6.0	6.9	6.6	7.1
伊拉克	5.7	6.6	6.4	6.1	5.6	6.5	6.9
安哥拉	10.1	9.8	8.0	7.9	8.2	7.4	6.8
巴西	1.2	1.5	2.7	3.4	3.6	4.7	5.4
阿曼	6.3	7.2	7.1	6.3	5.0	5.1	5.2
马来西亚	1.8	1.9	2.9	2.3	3.3	3.6	4.0
科威特	2.5	2.6	3.1	3.0	3.1	3.8	3.5
阿联酋	3.3	4.1	4.3	4.0	3.5	3.5	3.1
印度尼西亚	3.6	2.6	3.3	4.4	3.8	3.3	2.9
韩国	3.3	3.0	3.3	3.5	3.3	3.2	2.9
土库曼斯坦	2.8	3.0	3.9	3.1	2.6	2.3	2.5
卡塔尔	2.3	2.3	1.8	1.8	2.1	2.3	2.1
伊朗	5.8	6.7	5.5	5.5	4.9	4.3	2.1
英国	0.1	0.4	0.5	1.1	1.5	1.4	2.0
哥伦比亚	0.9	2.2	1.5	1.3	1.4	1.5	1.6
刚果	1.7	1.6	1.2	1.2	1.4	1.8	1.6
利比亚	0.6	0.2	0.5	0.2	0.5	1.4	1.4
委内瑞拉	4.0	3.5	3.3	2.9	2.7	2.0	1.3
美国	0.9	0.8	1.4	1.4	2.9	3.0	1.2

资料来源：UN Comtrade。

针对本章产品的重点国家罗列了更为详细的 4 位 HS 码的进口类别。发现：

一是中国从俄罗斯的该类产品进口最多的是石油原油及从沥青矿物中提取的原油，如表 3.20 所示，2019 年占该国该大类产品总进口的 87.2%，且 2013 年以来中国对俄罗斯的该类产品进口呈上升趋势，但 2019 年相对上年回落了 2.8 个百分点；从俄罗斯进口的第二大类是煤和类固体燃料，2013 年以来占比有所下降，从 2013 年的 10.4% 回落到 2019 年的 6.1%；从俄罗斯进口的第三大类是石油及从沥青矿物中提取的油类、废油等，且 2013 年以来占比逐年下降，从 15.3% 降到了 2019 年的 3.0%。

二是中国从沙特阿拉伯的该类产品进口最多的也是石油原油及从沥青矿物中提取的原油，如表 3.21 所示，2013 年以来占比持续超过从该国进口的该类产品的 94%，2019 年占比达到 97.1%。第二大进口产品为石油气和其他气态碳氢化合物，2019 年占比达 2.4%，其余各类产品进口占比几乎为 0。

三是中国从澳大利亚的该类产品进口结构近几年有较大变化，如表 3.22 所示，2013 年进口最多的煤和类固体燃料占 74.7%，其次是石油原油及从沥青矿物中提取的原油占 18.7%，较少的是石油气和其他气态碳氢化合物占 6.4%，但 2013 年以来石油气和其他气态碳氢化合物的进口逐渐上升，2019 年占比为 56.4%，进口的煤和类固体燃料下降到 38.3%，石油原油及从沥青矿物中提取的原油的进口占比也大幅下降，2019 年降为 4.9%。

四是中国从伊拉克的该类产品进口主要是石油原油及从沥青矿物中提取的原油，占比接近 100%，如表 3.23 所示。

五是中国从安哥拉的该类产品进口也主要是石油原油及从沥青矿物中提取的原油，如表 3.24 所示，2013 年以来比重有所下降，2019 年降为 97.6%，进口的石油气和其他气态碳氢化合物占比有所上升，从 2013 年的 0.3% 上升到 2019 年的 2.4%。

表 3.20　　　　　　　　从俄罗斯进口的第 27 章商品及占比

（矿物、燃料、矿物油及蒸馏产物）　　　　　单位：%

章节名称	产品名称	2013 年	2014 年	2015 年	2016 年	2017 年	2018 年	2019 年
第 2709 类	石油原油及从沥青矿物中提取的原油	73.4	84.0	85.3	88.7	87.0	90.0	87.2
第 2701 类	煤和类固体燃料	10.4	7.4	5.2	5.9	8.2	6.0	6.1
第 2710 类	石油及从沥青矿物中提取的油类、废油	15.3	7.7	8.1	3.9	3.0	2.4	3.0
第 2711 类	石油气和其他气态碳氢化合物	0	0.3	0.6	0.4	0.6	1.0	2.8
第 2702 类	褐煤	0	0	0	0	0.4	0.1	0.4
第 2716 类	电能	0.7	0.6	0.9	0.8	0.5	0.3	0.3
第 2713 类	石油焦或石油沥青	0	0	0	0.1	0.1	0.2	0.2
第 2707 类	石油和其他产品的高温煤焦油蒸馏	0.2	0.1	0	0.1	0	0	0

资料来源：UN Comtrade。

表 3.21　　　　　　　　从沙特阿拉伯进口的第 27 章商品及占比

（矿物、燃料、矿物油及蒸馏产物）　　　　　单位：%

章节名称	产品名称	2013 年	2014 年	2015 年	2016 年	2017 年	2018 年	2019 年
第 2709 类	石油原油及从沥青矿物中提取的原油	97.8	97.5	97.8	95.2	95.5	94.7	97.1
第 2711 类	石油气和其他气态碳氢化合物	1.1	0.8	1.7	2.8	2.8	3.9	2.4
第 2713 类	石油焦或石油沥青	0	0	0.1	0	0.4	0.7	0.3
第 2710 类	石油及从沥青矿物中提取的油类、废油	1.1	1.7	0.4	1.9	1.2	0.7	0.2

资料来源：UN Comtrade。

表 3.22　　　　　从澳大利亚进口的第 27 章商品及占比

（矿物、燃料、矿物油及蒸馏产物）　　　　　　　单位：%

章节名称	产品名称	2013 年	2014 年	2015 年	2016 年	2017 年	2018 年	2019 年
第 2711 类	石油气和其他气态碳氢化合物	6.4	6.7	21.5	36.7	37.4	50.7	56.4
第 2701 类	煤和类固体燃料	74.7	75.5	65.4	52.4	57.6	45.9	38.3
第 2709 类	石油原油及从沥青矿物中提取的原油	18.7	17.7	12.5	10.8	4.9	3.2	4.9
第 2710 类	石油及从沥青矿物（不包括原油）中提取的油类	0.1	0.1	0.6	0.1	0.1	0.2	0.2
第 2704 类	煤褐煤或泥煤的焦炭和半焦炭	0	0	0	0	0	0	0.1

资料来源：UN Comtrade。

表 3.23　　　　　从伊拉克进口的第 27 章商品及占比

（矿物、燃料、矿物油及蒸馏产物）　　　　　　　单位：%

章节名称	产品名称	2013 年	2014 年	2015 年	2016 年	2017 年	2018 年	2019 年
第 2709 类	石油原油及从沥青矿物中提取的原油	99.6	100.0	100.0	100.0	100.0	99.8	99.7
第 2710 类	石油及从沥青矿物中提取的油类、废油	0.4	0	0	0	0	0.2	0.3

资料来源：UN Comtrade。

表 3.24　　　　　从安哥拉进口的第 27 章商品及占比

（矿物、燃料、矿物油及蒸馏产物）　　　　　　　单位：%

章节名称	产品名称	2013 年	2014 年	2015 年	2016 年	2017 年	2018 年	2019 年
第 2709 类	石油原油及从沥青矿物中提取的原油	99.7	99.5	99.7	99.6	97.9	97.2	97.6
第 2711 类	石油气和其他气态碳氢化合物	0.3	0.5	0.3	0.4	2.1	2.8	2.4

资料来源：UN Comtrade。

3. 第 84 章核反应堆、锅炉、机器、机械器具及其零件进口分析

（1）产品结构

第 84 章为核反应堆、锅炉、机器、机械器具及其零件，位居中国产品进口的第三位，2013—2019 年相对保持稳定，2019 年进口规模为 1903 亿美元，占全年总进口的 9.2%。如图 3.21、图 3.22、表 3.25 所示，该类产品的进口特点如下：

一是近年来产品进口比重最大的是自动数据处理机及单元磁性或光学读取器，长期占比保持在 15% 以上，2019 年进口规模为 305 亿美元，占 16.1%。

二是半导体设备制造品进口占比自 2012 年以来呈明显较快的上升趋势，从 2012 年的 4% 上升到了 2018 年的 15.1%。

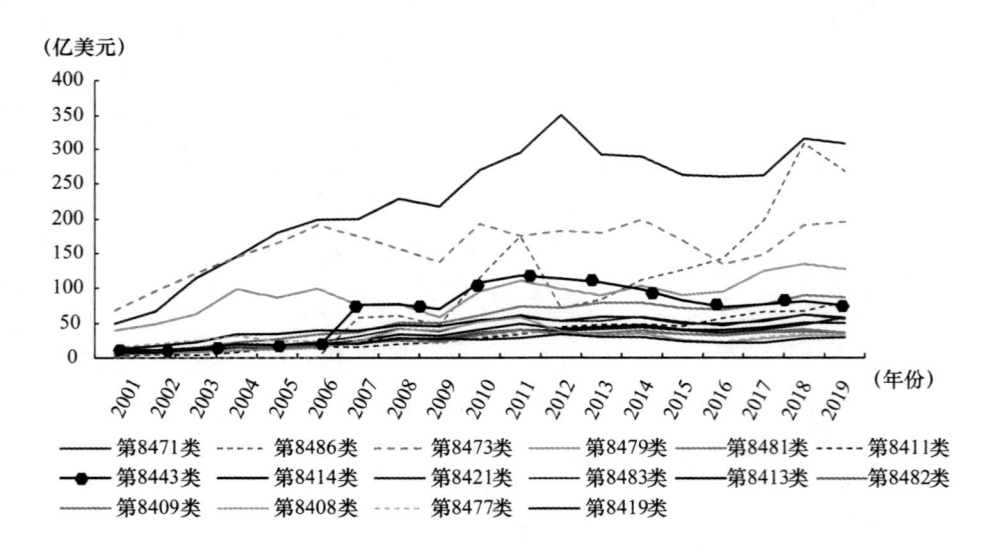

图 3.21 第 84 章为核反应堆、锅炉、机器、机械器具及其零件进口最多的前 16 种规模

资料来源：UN Comtrade。

三是 2001 年以来 8469 到 8472 下零配件进口占比下降幅度较大，从 17.0% 下降到了 2019 年的 10.2%。84 章具有本章其他地方未指定或未包括的个别功能的机器和机械设备进口占比在早期也持续下降，从 2001 年的 9.9% 下降到了 2009 年的 4.8%，但 2010 年后呈总体上升的趋势，2019 年的比重达到 6.6%。8442 中用的印版、滚筒和其他印刷组件进口占比也在 2013 年以来有逐年下降趋势。

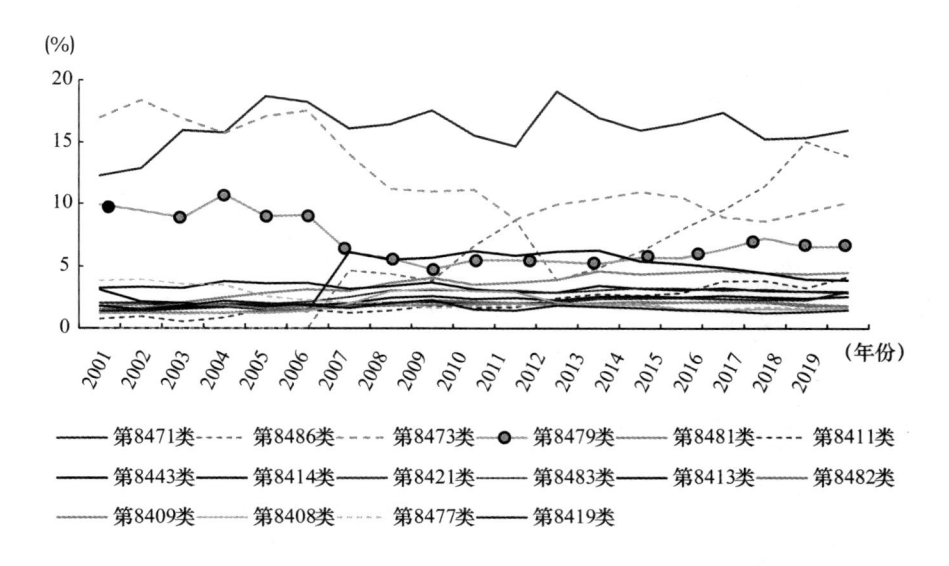

图 3.22　第 84 章核反应堆、锅炉、机器、机械器具及其零件进口最多的前 16 种占比

资料来源：UN Comtrade。

表 3.25　第 84 章核反应堆、锅炉、机器、机械器具及其零件进口最多的前 16 种产品及占比　　单位：%

章节名称	产品名称	2013 年	2014 年	2015 年	2016 年	2017 年	2018 年	2019 年
	前 16 种货物总占比	72.6	73	74	76.2	75.8	77.7	79.8
第 8471 类	自动数据处理机及单元磁性或光学读取器	17.0	16.0	16.6	17.5	15.3	15.5	16.1

续表

章节名称	产品名称	2013年	2014年	2015年	2016年	2017年	2018年	2019年
第8486类	单独或主要用于半导体制造的机器和设备	4.9	6.2	8.0	9.6	11.6	15.1	14.0
第8473类	8469到8472下的零配件	10.5	11.1	10.6	9.0	8.6	9.4	10.2
第8479类	84章具有本章其他地方未指定或未包括的个别功能的机器和机械设备	5.2	5.7	5.7	6.4	7.3	6.6	6.6
第8481类	管道水箱等的水龙头、旋塞、阀门	4.6	4.4	4.6	4.7	4.5	4.4	4.6
第8411类	涡轮喷气发动机涡轮螺旋桨和其他燃气轮机	2.8	2.7	2.9	3.9	3.9	3.3	4.2
第8443类	8442中用的印版、滚筒和其他印刷组件	6.3	5.4	5.2	4.9	4.5	4.0	4.0
第8414类	空气或真空泵压缩机等	3.5	3.3	3.1	3.3	3.1	3.1	3.0
第8421类	离心机、过滤或净化液体或气体等设备	2.4	2.4	2.5	2.4	2.4	2.3	3.0
第8483类	传动轴承箱和滑动轴承	3.1	3.3	3.3	3.1	3.2	3.0	2.9
第8413类	液体泵、液体升降机等	2.6	2.6	2.6	2.7	2.6	2.5	2.6
第8482类	球或滚子轴承	1.9	2.1	2.1	2.1	2.1	1.8	1.9
第8409类	8407或8408中的内燃机活塞的零件	2.1	2.2	2.1	2.2	2.2	2.0	1.9
第8408类	压燃式内燃活塞式发动机	1.9	1.9	1.6	1.5	1.6	1.6	1.7
第8477类	本章中用于加工橡胶或塑料等的机械	2.0	2.1	1.6	1.5	1.7	1.7	1.6
第8419类	用于温度变化过程材料处理的机械	1.8	1.6	1.5	1.4	1.2	1.4	1.5

资料来源：UN Comtrade。

（2）国别（地区）结构

如图 3.23、图 3.24、表 3.26 所示，国别（地区）结构有以下特点：一是该类产品进口最多的来源地是日本，2001 年至 2019 年中国从日本进口的第 84 章核反应堆、锅炉、机器、机械器具及其零件占比一直位居首位，2019 年进口规模为 364 亿美元，占比为 19.1%，进口占比趋势性下降。二是进口第二大来源国为德国，2014 年以前占比在 10% 以上，2015 年以后呈下降趋势，2019 年降到 12.3%。三是从美国进口的该类产品占比近年来基本保持在 9% 附近，占比变化不大。四是从韩国进口的该类产品占比自 2001 年以来呈上升趋势，2001 年占比为 5.3%，2019 年上升到 11.4%。五是从中国台湾进口的该类产品占比自 2001 年以来，以 2009 年的 3.9% 为拐点呈先降后升趋势。

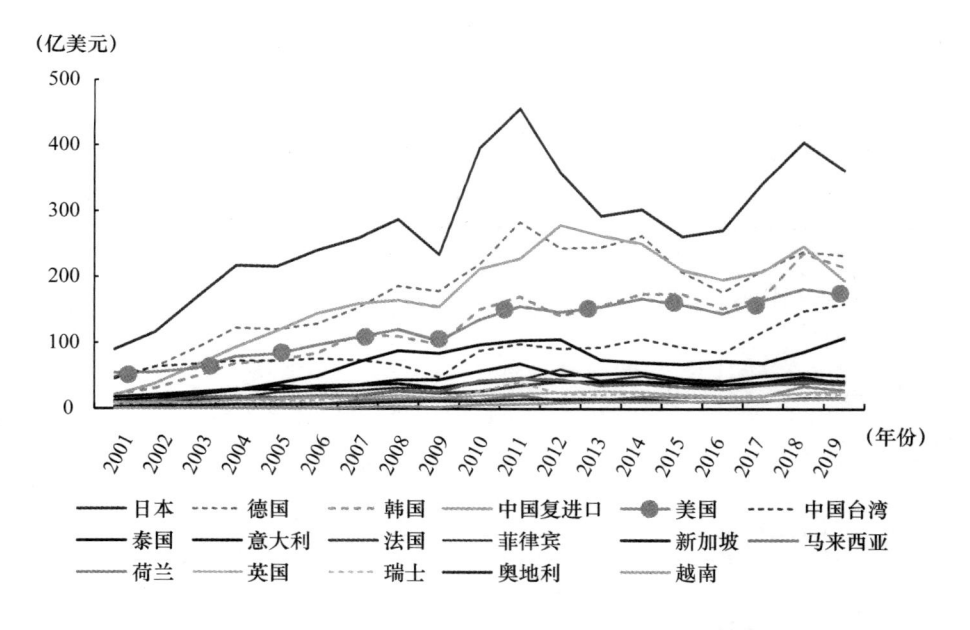

图 3.23　中国第 84 章核反应堆、锅炉、机器、机械器具及其零件进口最多的 16 地区规模

资料来源：UN Comtrade。

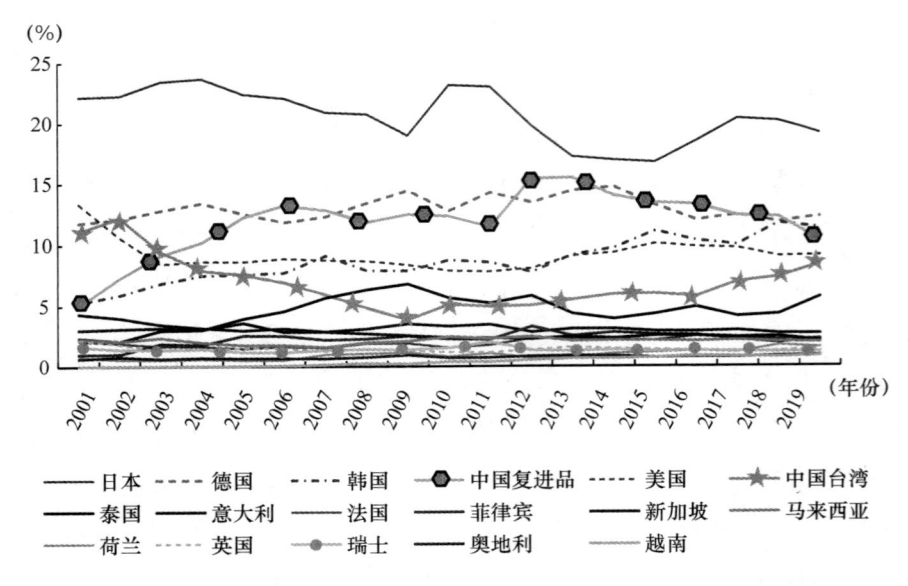

图 3.24　中国第 84 章核反应堆、锅炉、机器、机械器具
及其零件进口最多的 16 地区占比

资料来源：UN Comtrade。

表 3.26　中国第 84 章核反应堆、锅炉、机器、机械器具及其零件
进口最多的 16 地占比　　　　　　　　　　　　　单位：%

国家或地区	2013 年	2014 年	2015 年	2016 年	2017 年	2018 年	2019 年
前 16 地总计（除去复进口）	77.4	78.5	79.1	79.3	80.6	81.4	83.0
日本	17.2	16.9	16.7	18.5	20.3	20.1	19.1
德国	14.4	14.7	13.2	12.0	12.4	11.9	12.3
韩国	9.2	9.8	11.1	10.3	10.0	11.8	11.4
中国复进口	15.5	14.0	13.4	13.3	12.4	12.3	10.3
美国	9.1	9.4	10.1	9.8	9.7	9.0	9.1
中国台湾	5.5	6.0	6.0	5.8	7.0	7.4	8.4
泰国	4.4	3.9	4.3	4.9	4.1	4.3	5.7
意大利	3.1	3.1	2.9	2.9	3.0	2.7	2.7
法国	2.3	2.2	2.1	2.5	2.3	2.2	2.3
菲律宾	2.5	2.8	2.6	2.6	2.2	1.9	2.2

续表

国家或地区	2013年	2014年	2015年	2016年	2017年	2018年	2019年
新加坡	2.5	2.3	2.5	2.5	2.4	2.4	2.1
马来西亚	2.1	2.1	2.1	2.1	2.2	2.0	2.0
荷兰	0.8	1.0	1.1	1.2	1.1	1.7	1.5
英国	1.6	1.4	1.4	1.3	1.1	1.2	1.4
瑞士	1.2	1.3	1.2	1.3	1.2	1.1	1.2
奥地利	0.9	0.8	0.7	0.7	0.7	0.8	0.9
越南	0.6	0.6	0.7	0.8	0.8	0.7	0.8

资料来源：UN Comtrade。

从进口占比较多的重点国家来看：

一是中国从日本的该类产品进口结构相对分散，除前两位进口占比相对较高外，前16位中各位占比相对分散，如表3.27所示。进口最多的是单独或主要用于半导体制造的机器和设备，2013年以来该类产品占比呈上升趋势，从2013年的9.9%上升到2019年的24.5%。对84章具有本章其他地方未指定或未包括的个别功能的机器和机械设备、火花点火往复式或旋转内燃活塞发动机进口占比也有缓慢上升。8442中用的印版、滚筒和其他印刷组件，加工金属的加工中心、单工位组合机床及多工位组合机床进口占比有明显下降趋势。

二是中国从德国进口最多的是84章具有本章其他地方未指定或未包括的个别功能的机器和机械设备，如表3.28所示，2013年以来占比持续上升，2019年占自德国该大类产品总进口的11.1%，从德国进口的该大类商品占比也相对分散，没有过于集中。

三是从韩国进口最多的前两类商品占比自2013年以来呈上升趋势，如表3.29所示，单独或主要用于半导体制造的机器和设备从2013年的10.9%上升到了2019年的24.9%，8469至

8472 的机器零件从 2013 年的 11.8% 上升到了 2019 年的 19.4%。84 章具有本章其他地方未指定或未包括的个别功能的机器和机械设备也从 2013 年以来有所上升，但上升幅度较小。

表 3.27　从日本进口的第 84 章核反应堆、锅炉、机器、机械器具及其零件前 16 位的产品及占比　　单位：%

章节名称	产品名称	2013 年	2014 年	2015 年	2016 年	2017 年	2018 年	2019 年
HS Code 4	前 16 种货物总占比	69.7	72.1	74.5	76.2	77.1	79.2	78.5
第 8486 类	单独或主要用于半导体制造的机器和设备	9.9	10.8	15.2	18.0	20.1	25.6	24.5
第 8479 类	84 章具有本章其他地方未指定或未包括的个别功能的机器和机械设备	8.1	9.4	8.8	9.9	11.2	9.5	10.2
第 8443 类	8442 中用的印版、滚筒和其他印刷组件	10.2	9.1	8.9	7.5	6.4	5.5	5.8
第 8481 类	管道水箱等的水龙头、旋塞、阀门	4.5	4.4	4.1	4.6	4.5	4.4	4.9
第 8407 类	火花点火往复式或旋转内燃活塞发动机	1.7	2.1	3.1	3.5	3.1	4.0	4.1
第 8483 类	传动轴承箱和滑动轴承	3.7	3.8	3.7	3.7	3.7	3.3	3.2
第 8477 类	本章其他橡胶或塑料加工机械	2.7	2.6	2.9	2.9	3.1	2.9	3.2
第 8414 类	空气或真空泵压缩机等	3.4	3.1	3.3	3.1	3.0	3.1	3.1
第 8408 类	压燃式内燃活塞式发动机	3.9	3.1	2.1	2.2	2.6	2.8	2.9
第 8409 类	8407 或 8408 中的内燃活塞式发动机	3.3	3.1	3.0	3.1	2.6	2.5	2.8
第 8413 类	液体泵、液体升降机等	2.7	2.4	2.4	2.6	2.4	2.3	2.7

续表

章节名称	产品名称	2013年	2014年	2015年	2016年	2017年	2018年	2019年
第8482类	球或滚子轴承（7326的钢球除外）	3.2	3.3	3.4	3.2	2.9	2.4	2.6
第8473类	8469至8472的机器	3.7	3.9	3.6	3.5	2.7	2.4	2.4
第8457类	加工金属的加工中心、单工位组合机床及多工位组合机床	4.3	7.6	6.4	4.3	4.6	4.3	2.3
第8421类	离心机、过滤或净化液体或气体等设备	2.0	1.9	2.1	2.1	1.9	2.0	2.1
第8429类	自推式推土机、平地机、矫平机等	2.3	1.6	1.5	1.9	2.3	2.2	1.7

资料来源：UN Comtrade。

表3.28 从德国进口的第84章核反应堆、锅炉、机器、机械器具及其零件机械设备前16位的产品及占比　　单位：%

章节名称	产品名称	2013年	2014年	2015年	2016年	2017年	2018年	2019年
HS Code 4	前16种货物总占比	63.7	64.8	64.6	67.1	67.5	67.0	68.2
第8479类	84章具有本章其他地方未指定或未包括的个别功能的机器和机械设备	7.4	8.9	8.5	9.4	10.5	10.4	11.1
第8481类	管道水箱等的水龙头、旋塞、阀门	7.0	6.9	7.1	7.8	7.8	8.1	7.8
第8483类	传动轴承箱和滑动轴承	5.8	6.0	6.1	6.3	6.1	6.4	6.4
第8413类	液体泵、液体升降机等	4.5	4.7	4.2	4.7	4.7	5.0	5.3

续表

章节名称	产品名称	2013年	2014年	2015年	2016年	2017年	2018年	2019年
第8421类	离心机、过滤或净化液体或气体等设备	4.1	4.3	4.9	4.6	4.7	4.3	4.7
第8414类	空气或真空泵压缩机等	4.8	5.0	4.8	4.7	4.0	4.3	4.2
第8486类	单独或主要用于半导体制造的机器和设备	1.3	1.4	1.4	2.4	3.6	3.2	3.7
第8409类	8407或8408的内燃活塞式发动机	4.3	4.7	4.8	4.6	4.1	4.1	3.7
第8477类	本章其他加工橡胶或塑料的机械	5.2	5.1	3.6	3.7	3.6	4.0	3.2
第8482类	球或滚子轴承（7326的钢球除外）	2.6	2.8	3.4	3.4	3.3	3.0	3.0
第8457类	加工金属的加工中心、单工位组合机床及多工位组合机床	4.5	3.5	4.1	4.6	4.7	3.9	3.0
第8419类	温度变化过程材料处理的机械	2.6	2.4	2.1	2.2	1.8	2.1	2.9
第8428类	起重、搬运、装卸机械	3.0	2.9	3.4	2.5	2.8	2.5	2.8
第8443类	8442中用的印版、滚筒和其他印刷组件	3.0	2.3	2.4	2.1	2.2	2.5	2.6
第8422类	洗碗机清洁或干燥瓶子机械	2.3	2.1	2.4	2.5	1.9	1.8	2.1
第8408类	压燃式内燃活塞式发动机	1.4	1.7	1.2	1.7	1.8	1.4	1.8

资料来源：UN Comtrade。

表 3.29　从韩国进口的第 84 章中核反应堆、锅炉、机器、机械器具及其零件机械设备前 16 位的产品及占比　　单位：%

章节名称	产品名称	2013年	2014年	2015年	2016年	2017年	2018年	2019年
HS Code 4	前16种货物总占比	80.9	83.4	84.3	82.6	83.7	87.6	88.2
第8486类	单独或主要用于半导体制造的机器和设备	10.9	13.4	16.4	15.2	21.9	27.4	24.9
第8473类	8469至8472的机器零件	11.8	17.5	16.4	15.7	14.3	15.6	19.4
第8471类	自动数据处理机及单元磁性或光学读取器	18.0	16.4	17.5	13.6	12.3	12.1	10.8
第8479类	84章具有本章其他地方未指定或未包括的个别功能的机器和机械设备	7.9	7.0	7.9	9.9	9.8	9.5	9.1
第8421类	离心机、过滤或净化液体或气体等设备	2.7	2.5	2.3	2.3	1.7	1.8	3.7
第8414类	空气或真空泵压缩机等	3.4	2.8	3.1	4.1	3.4	3.2	3.1
第8481类	管道水箱等的水龙头、旋塞、阀门	3.7	3.3	3.0	3.4	3.0	2.6	2.6
第8408类	压燃式内燃活塞式发动机	3.1	3.6	3.4	2.4	2.2	1.4	2.1
第8431类	8425至8430下合用的零件	2.4	1.9	1.2	1.4	2.2	2.3	2.1
第8483类	传动轴齿轮和传动装置	2.9	3.0	3.1	3.4	2.7	2.0	1.9
第8409类	8407或8408下的内燃活塞式发动机	3.3	2.9	2.5	2.9	2.3	1.7	1.7
第8428类	起重、搬运、装卸机械等	2.4	2.0	2.2	2.8	2.0	1.9	1.6
第8413类	液体泵、液体升降机等	2.1	1.7	1.6	2.0	1.7	1.6	1.5

续表

章节名称	产品名称	2013年	2014年	2015年	2016年	2017年	2018年	2019年
第8419类	温度变化过程材料处理的机械	1.9	1.3	1.3	1.2	1.3	1.4	1.5
第8429类	自推式推土机、推土机、平地机等	2.0	1.7	0.4	0.4	1.7	2.0	1.1
第8480类	用于金属铸造的成型箱模架	2.3	2.3	2.0	1.7	1.3	1.1	1.0

资料来源：UN Comtrade。

三 货物贸易差额的结构分析

（一）贸易差额的基本情况

2001年以来中国货物贸易一直是盈余状态，但其中的盈余项和赤字项的规模在持续增大，自2005年开始，盈余规模相较之前明显增加，如图3.25、表3.30所示，分产品类别看：

第一，2019年盈余项中前五类和占总盈余项比重分别为：84章核反应堆、锅炉、机器、机械器具及其零件（19.2%）；85章电机、电气设备及其零件（14.8%）；94章家具，寝具、褥垫、弹簧床垫（8.1%）；61章针织或钩编的服装及衣着附件（5.8%）；62章非针织或非钩编的服装（5.3%）。

第二，2019年赤字项中的前五大类和占总赤字项比重分别为：27章矿物燃料、矿物油及其蒸馏产品，沥青物质，矿物蜡（39.6%）。26章矿砂、矿渣及矿灰（21.6%）。71章天然或养殖珍珠、宝石或半宝石、贵金属、贵金属包覆的金属及其制品；首饰；硬币（5.3%）。12章含油子仁及果实；杂项子仁及果仁；工业用或药用植物；稻草、秸秆及饲料（5.0%）。74章铜及其制品（4.5%）。

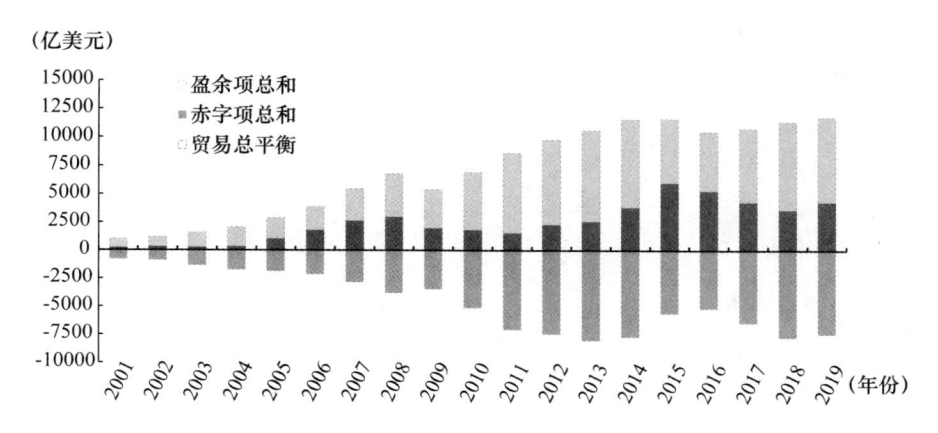

图 3.25 中国的贸易平衡结构

资料来源：UN Comtrade。

表 3.30　　　　2019 年中国货物贸易差额占比　　　　单位：%

盈余项章节名称	盈余占比（%）	赤字项章节名称	赤字占比（%）
84 章核反应堆、锅炉、机器、机械器具及其零件机械设备	19.2	27 章矿物燃料、矿物油及其蒸馏产品，沥青物质，矿物蜡	39.6
85 章电机、电气设备及其零件	14.8	26 章矿砂、矿渣及矿灰	21.6
94 章家具，寝具、褥垫、弹簧床垫	8.1	71 章天然或养殖珍珠、宝石或半宝石、贵金属、贵金属包覆的金属及其制品；首饰；硬币	5.3
61 章针织或钩编的服装及衣着附件	5.8	12 章含油子仁及果实；杂项子仁及果仁；工业用或药用植物；稻草、秸秆及饲料	5.0
62 章非针织或非钩编的服装	5.3	74 章铜及其制品	4.5
95 章玩具、游戏品、运动用品	5.1	90 章光学、照相、电影、计量、检验、医疗或外科用仪器及设备、精密仪器及设备；上述物品的零件、附件	3.4
73 章钢铁制品	5.1	30 章药品	3.3
64 章鞋靴、护腿和似品及其零件	3.6	47 章木浆及其他纤维状纤维素浆；回收（废碎）纸或纸板	2.6
63 章其他纺织制成品	2.3	2 章肉及食用杂碎	2.4

续表

盈余项章节名称	盈余占比（%）	赤字项章节名称	赤字占比（%）
42章 皮革、马具、手袋等	2.2	88章 航空器、航天器及其零件	2.1
69章 陶瓷产品	2.0	33章 精油及香膏；芳香料制品及化妆盥洗品	1.4
89章 船舶及浮动结构体	1.9	15章 动、植物油、脂及其分解产品；精制的食用油脂；动、植物蜡	1.2
76章 铝及其制品	1.7	44章 木及木制品；木炭	1.1
54章 化学纤维长丝	1.6	4章 乳品；蛋品；天然蜂蜜；其他食用动物产品	0.8
83章 贱金属杂项制品	1.5	8章 食用水果及坚果；甜瓜或柑橘属水果的果皮	0.7
60章 针织物及钩编织物	1.5	19章 谷物、粮食粉、淀粉或乳的制品；糕饼点心	0.7
48章 纸及纸板；纸浆、纸或纸板制品	1.4	25章 盐；硫黄；泥土及石料；石膏料、石灰及水泥	0.6
72章 钢铁	1.4	75章 镍及其制品	0.6
96章 杂项制品	1.3	10章 谷物	0.5
82章 贱金属工具、器具、利口器、餐匙、餐叉及其零件	1.1	22章 饮料、酒及醋	0.5

资料来源：UN Comtrade。

（二）重点货物贸易差额的结构分析

选取盈余（赤字）较大的前两项商品，分析其产品结构与贸易差额的国别（地区）结构。

第一，最大贸易盈余产品类是第84章核反应堆、锅炉、机器、机械器具及其零件，2019年总出口为4170亿美元，总进口为1903亿美元，总盈余为2267亿美元，占盈余项总额的19.2%。该项盈余最大的产品为自动数据处理机及单元磁性或光学读取器，2019年盈余1179.1亿美元；赤字最大的为单独或主要用于半导体制造的机器和设备，2019年赤字244.0亿美元（见表3.31）。该类产品盈余较大前5地为美国、中国香港、荷兰、印度、越南,赤字较大的前 5 地为日本、韩国、中国香港、德国、泰国,见表 3.32。

表 3.31　中国第 84 章核反应堆、锅炉、机器、机械器具及其零件贸易平衡结构(部分)　　　　单位:亿美元

章节名称	产品名称	2013 年	2014 年	2015 年	2016 年	2017 年	2018 年	2019 年
第 8471 类	自动数据处理机及单元磁性或光学读取器	1326.5	1347.0	1111.8	991.4	1161.6	1229.3	1179.1
第 8415 类	空调机、风扇的温控元件	125.1	124.1	117.8	124.1	140.3	156.7	155.4
第 8473 类	8469、8472 下用的机器设备	115.1	114.0	122.0	125.8	182.6	263.1	130.2
第 8411 类	涡轮喷气发动机涡轮螺旋桨和其他燃气轮机	-25.9	-19.1	-11.7	-18.6	-26.6	-32.4	-43.1
第 8479 类	84 章其他地方未指定或未包括的个别功能的机器和机械设备	-58.8	-63.5	-49.1	-49.0	-70.2	-66.9	-47.3
第 8486 类	单独或主要用于半导体制造的机器和设备	-71.7	-96.4	-110.0	-122.5	-175.7	-281.1	-244.0

资料来源:UN Comtrade。

第二,第二大贸易盈余产品类是第 85 章电机、电气设备及其零件,如表 3.33 所示,2019 年总出口为 6710 亿美元,总进口为 4968 亿美元,总盈余为 1742 亿美元,占总盈余的 14.8%。该项盈余最大的产品为电话机和蜂窝网络设备等,2019 年盈余 1815 亿美元,赤字最大的为电子集成电路,2019 年赤字 2037 亿美元,且 2012 年以来该项赤字有持续拉大趋势。该类产品盈余较大的前 5 地为,中国香港、美国、荷兰、印度、英国,赤字较大的前 5 地为中国台湾、韩国、马来西亚、日本、爱尔兰,如表 3.34 所示。

第三，第一大贸易赤字项产品是第 27 章矿物燃料、矿物油及其蒸馏产品，2019 年总出口为 470 亿美元，总进口为 3436 亿美元，总赤字为 2966 亿美元，占赤字项总额的 39.6%。该项赤字最大的产品为石油原油及从沥青矿物中提取的原油，2019 年总赤字为 2383.5 亿美元，赤字较大的来源地为俄罗斯、沙特阿拉伯、伊拉克、安哥拉、澳大利亚，如表 3.36 所示。

第四，第二大贸易赤字项产品为第 26 章矿砂、矿渣及矿灰，如表 3.37 所示，这项产品几乎是进口。2019 年总出口为 18 亿美元，总进口为 1636 亿美元，总赤字为 1618 亿美元，占赤字项总额的 21.6%。该项赤字最大的产品为铁矿石和精矿，赤字较大的来源地为澳大利亚、巴西、智利、秘鲁、南非，如表 3.38 所示。

表 3.32　中国第 84 章核反应堆、锅炉、机器、机械器具及其零件贸易平衡的地区结构　　单位：亿美元

国家或地区	2013 年	2014 年	2015 年	2016 年	2017 年	2018 年	2019 年
世界	2125.8	2214.6	2073.5	1970.5	2131.5	2276.4	2266.7
美国	711.3	741.1	686.0	650.1	748.5	847.0	692.0
中国香港	533.9	525.7	466.3	424.2	434.7	501.4	418.5
荷兰	197.4	201.6	149.3	130.8	163.5	175.2	172.8
印度	96.6	94.3	96.4	98.9	114.6	130.4	133.8
越南	48.5	66.6	57.0	57.3	61.6	69.1	96.6
泰国	-11.7	-8.0	-3.2	-10.9	-7.1	-15.3	-28.5
德国	-91.4	-95.8	-54.7	-32.4	-38.6	-56.1	-54.5
中国台湾	-46.2	-53.6	-43.3	-30.8	-53.7	-78.4	-77.8
韩国	-67.3	-84.2	-81.0	-54.2	-55.5	-104.1	-82.2
日本	-40.4	-44.1	-42.7	-67.0	-122.2	-155.2	-99.5

资料来源：UN Comtrade。

表3.33　中国第85章电机、电气设备及其零件贸易平衡结构　单位：亿美元

章节名称	产品名称	2013年	2014年	2015年	2016年	2017年	2018年	2019年
第8517类	电话机和蜂窝网络设备等	1280	1514	1644	1557	1716	1915	1815
第8528类	监视器和投影仪等	263	298	278	278	310	328	304
第8516类	瞬时或储水式电热水器等	178	186	180	175	185	196	202
第8533类	电阻器	-7	-5	4	-7	-7	-9	-8
第8532类	固定、可变或可调的"预设"电容器	-37	-38	-20	-35	-45	-74	-56
第8542类	电子集成电路	-1442	-1573	-1610	-1662	-1921	-2281	-2037

资料来源：UN Comtrade。

表3.34　中国第85章电机、电气设备及其零件贸易平衡的国别（地区）结构　单位：亿美元

国家或地区	2013年	2014年	2015年	2016年	2017年	2018年	2019年
世界	1218.7	1466.0	1686.8	1427.2	1434.8	1428.8	1741.7
中国香港	1842.8	1563.4	1739.5	1496.5	1408.4	1544.4	1487.7
美国	600.3	710.0	758.6	774.3	896.2	997.8	860.1
荷兰	155.3	160.8	175.6	179.8	215.8	220.4	229.2
印度	98.1	105.4	130.3	165.0	211.3	225.4	192.9
英国	81.9	89.8	93.2	94.9	96.4	112.4	122.1
爱尔兰	-9.9	0.6	-3.0	-12.9	-34.4	-46.5	-56.1
日本	-56.8	-48.2	-49.2	-78.0	-79.5	-90.7	-113.9
马来西亚	-268.5	-228.6	-232.7	-236.9	-202.6	-213.4	-243.9
韩国	-428.2	-396.9	-426.5	-400.8	-514.5	-627.2	-415.1
中国台湾	-732.0	-690.4	-703.4	-744.2	-799.4	-942.9	-894.0

资料来源：UN Comtrade。

表 3.35　　中国第 27 章矿物燃料、矿物油及其蒸馏产品贸易平衡结构　　单位：亿美元

章节名称	产品名称	2013 年	2014 年	2015 年	2016 年	2017 年	2018 年	2019 年
第 2710 类	石油和由沥青（不包括原油）获得的油	-75.2	23.2	47.3	82.4	110.3	156.9	212.7
第 2704 类	煤、褐煤或泥煤的焦炭和半焦炭	11.3	17.1	15.4	14.3	21.6	29.9	16.8
第 2716 类	电能	10.0	10.0	10.7	10.8	11.0	12.5	14.0
第 2712 类	凡士林石蜡微晶石油蜡	5.3	5.1	5.4	4.8	3.9	4.1	4.1
第 2708 类	煤焦油或其他矿物焦油获得沥青焦炭	2.0	1.8	1.8	1.6	2.4	3.2	1.8
第 2705 类	煤气贫煤气和类气体	0	0	0	0	0	0	0
第 2714 类	天然沥青和柏油或油页岩和焦油砂	-0.6	-0.3	-0.1	-0.1	-0.1	-0.1	-0.1
第 2706 类	从煤、褐煤或泥煤中提炼出的焦油	1.1	2.7	0.8	0.2	0	0.2	-0.2
第 2703 类	泥炭	-0.2	-0.2	-0.3	-0.3	-0.5	-0.5	-0.5
第 2715 类	天然沥青胶泥	-10.1	-24.1	-42.7	-8.7	-18.5	-6.3	-6.4
第 2713 类	石油焦或石油沥青	-24.1	-22.2	-16.4	-8.3	-17.8	-21.1	-23.1
第 2702 类	褐煤	-31.3	-33.5	-19.8	-26.5	-40.6	-49.3	-44.3
第 2707 类	石油和其他产品的高温煤焦油蒸馏	-46.6	-64.9	-56.2	-85.5	-103.0	-91.3	-73.4

续表

章节名称	产品名称	2013年	2014年	2015年	2016年	2017年	2018年	2019年
第2701类	煤和类固体燃料	-248.7	-182.1	-96.2	-107.9	-174.2	-188.0	-180.0
第2711类	石油气和其他气态碳氢化合物	-225.1	-278.0	-229.3	-214.2	-312.2	-482.3	-503.8
第2709类	石油原油及从沥青矿物中提取的原油	-2182.0	-2278.0	-1328.0	-1152.3	-1603.7	-2379.5	-2383.5

资料来源：UN Comtrade。

表3.36　中国第27章矿物燃料、矿物油及其蒸馏产品贸易平衡的国别（地区）结构　　单位：亿美元

国家或地区	2013年	2014年	2015年	2016年	2017年	2018年	2019年
世界	-2814.3	-2823.4	-1707.3	-1489.6	-2121.3	-3011.5	-2966.0
中国香港	68.4	73.1	62.6	52.9	65.2	82.6	89.6
新加坡	-16.5	-7.5	9.9	19.5	13.9	54.6	49.9
菲律宾	6.3	7.4	-3.9	8.2	20.1	21.6	29.6
越南	7.1	8.6	6.7	-5.5	1.5	11.9	14.5
巴拿马	27.1	21.8	9.7	8.6	11.9	14.3	13.1
澳大利亚	-132.9	-112.1	-70.2	-93.9	-159.8	-208.5	-217.3
安哥拉	-319.1	-310.5	-159.5	-137.2	-202.3	-255.8	-232.6
伊拉克	-179.8	-207.6	-126.7	-106.4	-137.9	-224.6	-238.0
沙特阿拉伯	-432.8	-378.6	-212.3	-163.1	-214.1	-312.4	-411.7
俄罗斯	-265.9	-295.3	-200.5	-187.6	-270.4	-417.4	-414.8

资料来源：UN Comtrade。

表 3.37　中国第 26 章矿砂、矿渣及矿灰贸易平衡结构　　单位：亿美元

章节名称	产品名称	2013年	2014年	2015年	2016年	2017年	2018年	2019年
第2601类	铁矿石和精矿	-1062	-934	-579	-570	-757	-742	-984
第2603类	铜矿石和精矿	-195	-215	-194	-206	-261	-327	-341
第2602类	锰矿石和精矿	-32	-27	-20	-21	-40	-58	-64
第2606类	铝矿石和精矿	-38	-21	-30	-25	-35	-44	-51
第2616类	贵金属矿石	-18	-21	-19	-26	-30	-36	-40
第2604类	镍矿和精矿	-51	-46	-27	-15	-21	-30	-39
第2610类	铬矿砂及其精矿	-24	-18	-18	-16	-34	-29	-26
第2608类	锌矿砂及其精矿	-13	-15	-20	-13	-22	-32	-25
第2607类	铅矿石和精矿	-21	-21	-21	-15	-17	-17	-21
第2615类	铌钽钒或锆矿石	-9	-8	-9	-7	-8	-11	-12
第2609类	锡矿石和精矿	-3	-4	-4	-8	-9	-7	-7
第2614类	钛矿石和精矿	-6	-4	-3	-3	-5	-5	-4
第2605类	钴矿石和精矿	-3	-4	-4	-2	-3	-6	-2
第2613类	钼矿石和精矿	-1	0	-1	-1	-1	-1	-2
第2617类	矿石和精矿	-2	-2	-1	-1	-1	-2	-1
第2612类	铀或矿石和精矿	0	0	0	0	0	0	0
第2611类	钨矿和精矿	-1	-1	0	0	0	0	0
第2618类	钢铁生产的粒状矿渣	0	0	0	0	0	0	0
第2619类	钢铁生产中产生的炉渣	-6	-4	-1	-1	-1	0	0
第2620类	矿渣砷或化合物	0	0	0	0	0	0	0
第2621类	矿渣和灰分	1	1	1	1	1	1	1

资料来源：UN Comtrade。

表3.38　中国第26章矿砂、矿渣及矿灰贸易平衡的国别（地区）结构　　单位：亿美元

国家或地区	2013年	2014年	2015年	2016年	2017年	2018年	2019年
世界	-1484	-1343	-948	-929	-1247	-1347	-1618
日本	0	0	0	0	4	7	12
韩国	1	0	0	0	1	1	2
中国台湾	-1	-1	-1	-1	-2	0	1
中国香港	0	0	0	0	0	0	0
法国	0	0	0	0	0	0	0
南非	-85	-70	-54	-49	-80	-81	-95
秘鲁	-60	-55	-57	-73	-100	-117	-119
智利	-74	-70	-65	-65	-81	-109	-129
巴西	-222	-186	-128	-131	-182	-191	-234
澳大利亚	-609	-603	-411	-390	-514	-523	-682

资料来源：UN Comtrade。

四　趋势预测：中国货物贸易结构变化的另一视角

本章将中国进出口货物贸易分为劳动密集型、资本密集型、技术密集型、资源密集型四大类，如表3.39所示，分析每一大类货物贸易结构的历史变化及原因，并对未来趋势进行判断。本章资料来源于UN Comtrade的HS分类的2位码。对于四大类产品的划分，本章在参考邹俊毅和周星（2011）、海继祖（2015）、孟庆雷和谭闰臣（2019）等人研究以及海关总署文件后，对HS下2位码所对应的四大类具体类型如表3.39所示，当然值得注意的是，该分类仅作为大致判断参考，若深入每一类产品类型，可能还有更为细致的划分。

表 3.39　劳动、资本、技术、资源密集型产品分类（HS 2 位编码）

劳动密集型	第 1 章 活动物
	第 2 章 肉及食用杂碎
	第 3 章 鱼、甲壳动物、软体动物及其他水生无脊椎动物
	第 4 章 乳品；蛋品；天然蜂蜜；其他食用动物产品
	第 5 章 其他动物产品
	第 6 章 活树及其他活植物；鳞茎、根及类似品；插花及装饰用簇叶
	第 7 章 食用蔬菜、根及块茎
	第 8 章 食用水果及坚果；甜瓜或柑橘属水果的果皮
	第 9 章 咖啡、茶、马黛茶及调味香料
	第 10 章 谷物
	第 11 章 制粉工业产品；麦芽；淀粉；菊粉；面筋
	第 12 章 含油子仁及果实；杂项子仁及果仁；工业用或药用植物；稻草、秸秆及饲料
	第 13 章 虫胶；树胶、树脂及其他植物液、汁
	第 14 章 编结用植物材料；其他植物产品
	第 15 章 动、植物油、脂及其分解产品；精制的食用油脂；动、植物蜡
	第 16 章 肉、鱼、甲壳动物、软体动物及其他水生无脊椎动物的制品
	第 17 章 糖及糖食
	第 18 章 可可及可可制品
	第 19 章 谷物、粮食粉、淀粉或乳的制品；糕饼点心
	第 20 章 蔬菜、水果、坚果或植物其他部分的制品
	第 21 章 杂项食品
	第 22 章 饮料、酒及醋
	第 23 章 食品工业的残渣及废料；配制的动物饲料
	第 24 章 烟草及烟草代用品的制品
	第 36 章 炸药；烟火制品；火柴；引火合金；易燃材料制品
	第 39 章 塑料及其制品
	第 40 章 橡胶及其制品
	第 41 章 生皮（毛皮除外）及皮革

续表

劳动密集型	第42章 皮革、马具、手袋等；鞍具及挽具；旅行用品、手提包及类似容器；动物肠线（蚕胶丝除外）制品
	第43章 毛皮、人造毛皮及其制品
	第44章 木及木制品；木炭
	第45章 软木及软木制品
	第46章 稻草、秸秆、针茅或其他编结材料制品；篮筐及柳条编结品
	第47章 木浆及其他纤维状纤维素浆；回收（废碎）纸或纸板
	第48章 纸及纸板；纸浆、纸或纸板制品
	第49章 书籍、报纸、印刷图画及其他印刷品；手稿、打字稿及设计图纸
	第50章 蚕丝
	第51章 羊毛、动物细毛或粗毛；马毛纱线及其机织物
	第52章 棉花
	第53章 其他植物纺织纤维；纸纱线及其机织物
	第56章 絮胎、毡呢及无纺织物；特种纱线；线、绳、索、缆及其制品
	第57章 地毯及纺织材料的其他铺地制品
	第58章 浸渍、涂布、包覆或层压的纺织物；工业用纺织制品
	第58章 特种机织物；簇绒织物；花边；装饰毯；装饰带；刺绣品
	第60章 针织物及钩编织物
	第61章 针织或钩编的服装及衣着附件
	第62章 非针织或非钩编的服装及衣着附件
	第63章 其他纺织制成品；成套物品；旧衣着及旧纺织品；碎织物
	第64章 鞋靴、护腿和类似品及其零件
	第65章 帽类及其零件
	第66章 雨伞、阳伞、手杖、鞭子、马鞭及其零件
	第67章 已加工羽毛、羽绒及其制品；人造花；人发制品
	第68章 石料、石膏、水泥、石棉、云母及类似材料的制品
	第69章 陶瓷产品
	第70章 玻璃及其制品
	第71章 天然或养殖珍珠、宝石或半宝石、贵金属、贵金属及其制品；仿首饰；硬币

续表

劳动密集型	第91章 钟表及其零件
	第92章 乐器及其零件、附件
	第94章 家具；寝具、褥垫、弹簧床垫、软座垫及类似的填充制品；未列名灯具及照明装置；发光标志、发光铭牌及类似品；活动房屋
	第95章 玩具、游戏品、运动用品及其零件、附件
	第96章 杂项制品
技术密集型	第28章 无机化学品；贵金属、稀土金属、放射性元素及其同位素的有机及无机化合物
	第29章 有机化学品
	第30章 药品
	第35章 蛋白类物质；改性淀粉；胶；酶
	第38章 杂项化学产品
	第85章 电机、电气设备及其零件；录音机及放声机、电视图像、声音的录制和重放设备及其零件、附件
	第86章 铁道及电车道机车、车辆及其零件；铁道及电车道轨道固定装置及其零件；附件；各种机械（包括电动机械）交通信号设备
	第87章 车辆及其零件、附件，但铁道及电车道车辆除外
	第88章 航空器、航天器及其零件
	第89章 船舶及浮动结构体
	第90章 光学、照相、电影、计量、检验、医疗或外科用仪器及设备、精密仪器及设备；上述物品的零件、附件
	第93章 武器、弹药及其零件、附件
未分类	第98章 特殊交易品及未分类商品
资本密集型	第31章 肥料
	第32章 鞣料浸膏及染料浸膏；鞣酸及其衍生物；染料、颜料及其他着色料；油漆及清漆；油灰及其他类似胶粘剂；墨水、油墨
	第33章 精油及香膏；芳香料制品及化妆盥洗品
	第34章 肥皂、有机表面活性剂、洗涤剂、润滑剂、人造蜡、调制蜡、光洁剂、蜡烛及类似品、塑形用膏、"牙科用蜡"及牙科用熟石膏制剂
	第37章 照相及电影用品
	第54章 化学纤维长丝；化学纤维纺织材料制扁条及类似品
	第55章 化学纤维短纤
	第72章 钢铁

续表

资本密集型	第73章 钢铁制品
	第74章 铜及其制品
	第75章 镍及其制品
	第76章 铝及其制品
	第78章 铅及其制品
	第79章 锌及其制品
	第80章 锡及其制品
	第81章 其他贱金属、金属陶瓷及其制品
	第82章 贱金属工具、器具、利口器、餐匙、餐叉及其零件
	第83章 贱金属杂项制品
	第84章 核反应堆、锅炉、机器、机械器具及其零件
	第97章 艺术品、收藏品及古物
资源密集型	第25章 盐；硫黄；泥土及石料；石膏料、石灰及水泥
	第26章 矿砂、矿渣及矿灰
	第27章 矿物、燃料、矿物油及蒸馏产物

资料来源：邹俊毅和周星（2011）、海继祖（2015）、刘俊丽（2018）、孟庆雷和谭闺臣（2019）等人研究以及海关总署文件。

（一）货物贸易结构的阶段划分与变化动因

自2001年以来全球货物贸易发展经历了四个阶段：第一阶段为2001—2008年贸易平稳快速上升，出口年度平均增速为14.6%，进口年度平均增速为14.7%，但全球贸易失衡也开始拉大。第二阶段为2009—2014年，全球贸易在重重危机中持续复苏，全球贸易失衡也有所改善，2011—2014年贸易增速缓慢，新兴市场国家复苏乏力，受新兴市场需求减弱影响，2015年成为国际金融危机爆发以来贸易最糟糕的一年。第三阶段为2015—2017年，全球宽松货币政策刺激效果开始显现，新兴经济体和全球经济的复苏带动了贸易的复苏，但全球贸易失衡又开始在2017年加剧。第四阶段为2018年至今贸易受不确定性事件严重冲击，其间世界经济遭遇黑天鹅、灰犀牛等不确定性事件高频度与大幅度的冲击，发达国家与发展中国家在国际市场竞争中的利益冲突凸显，经济保守主义上台加剧贸易冲突，同时，2020年新冠肺炎疫情的暴发深度改变了全球价值链和贸易格局，受中美经贸摩擦的影响2019年全球贸易失衡有所减轻。

具体来看，如图3.26、图3.27所示，2001年以来中国对外贸易经历的四个阶段货物结构变化具有以下的特点。

第一，2001—2008年，总体而言出口较多的货物为技术密集型产品、劳动密集型产品、资本密集型产品，资源密集型产品出口一直较低，2001年以来中国货物出口、进口经历了较大的结构性改变。技术密集型产品一直是中国进口较高的产品，资源密集型产品持续趋势性上升，资本密集型产品则趋势性下降，劳动密集型产品自2008年后进口占比保持相对稳定。

2001—2008年，中国出口结构发生较大变化。加入世界贸易组织的市场红利以及国内制度改革的红利开始显现出来，中国通过前期产业发展创建了完整的工业体系，通过本土制造替代外国进口的方式，替代了本地要素的比较优势行业产品，如劳动密集型产品、资本密集型产品，而通过在世界贸易组织框架下的市场优势进口技术密集型产品、资源密集型产品。这一阶段由于劳动密集型产品中纺织品、皮革、马具、手袋、玩具制品等出口占比大幅下降，劳动密集型产品出口占比呈趋势性下降，从2001年的45.9%降低至2008年的30.7%；因光学医疗设备等精密仪器、船舶制造、汽车制造出口占比上升，技术密集型产品出口占比在该阶段迅速上升，占比从2001年的28.9%上升到2008年的35.8%；因钢铁、钢铁制品以及铜制品出口上升，该阶段资本密集型产品也持续上升，从2001年的21.3%上升到2008年的30.8%。因矿物燃料出口占比下降，资源密集型产品出口占比在大幅下降，从2001年的3.7%下降到了2008年的2.6%。从进口来看，技术密集型产品和资源密集型产品的进口比重大幅上升，劳动密集型产品和资本密集型产品的进口大幅下降，这是因为发生了国内产能对进口产能的替代：一是中国劳动力市场的比较优势，得到了淋漓尽致的发挥，二是中国生产资本密集型产品的能力大幅提升。

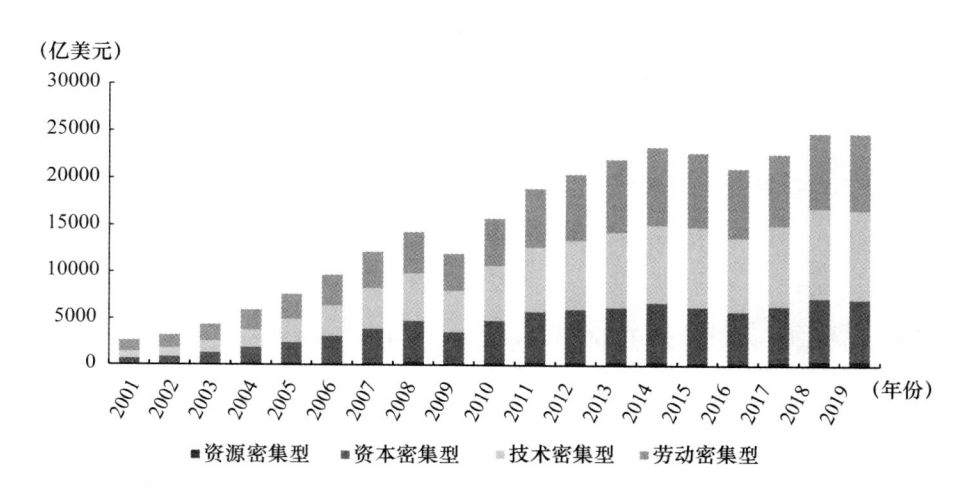

图 3.26　中国货物出口类型

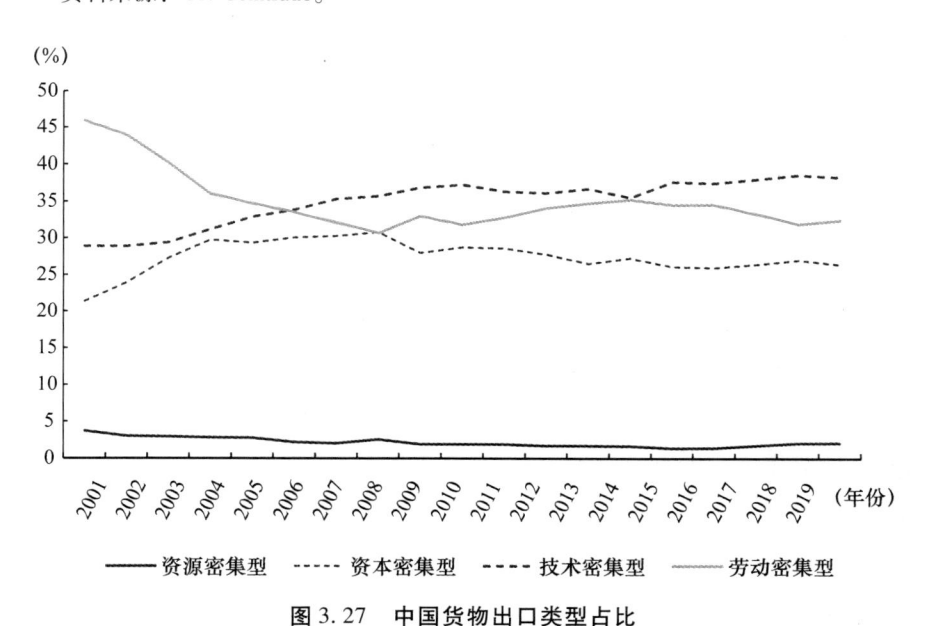

资料来源：UN Comtrade。

图 3.27　中国货物出口类型占比

资料来源：UN Comtrade。

2001年加入世界贸易组织后，中国打开了全球贸易市场，使国内产业比较优势得到发挥，通过参与全球化获得的技术外溢性增强，推动了中国制造业的蓬勃发展。因此在出口方面技术密集型和资源密集型产品占比的上升，中国国内的产业结构也在发生潜移默化的改变，劳动密集型产品的出口占比在逐渐下降，产业结构升级和贸易结构升级相互促进。从宏观层面来看：这一阶段全球经济环境相对稳定，没有出现大规模的危机，各国经济政策相对宽松，因此保障了全球需求潜力。从产业层面来看，中国在探索和推动产业升级，从以往注重经济增长转变到注重经济发展，强调人与自然环境的协调发展和可持续发展。进口结构中资源密集型产品占比上升，是由于中国在能源生产方面，仍具有较强的外部依赖性。

第二，2008—2014年，这一阶段中国贸易规模跃迁到世界第一的位置。就出口来看，劳动密集型产品出口占比开始向上轻微反弹，资本密集型产品开始明显下降，技术密集型产品出口占比有微幅下降趋势。劳动密集型产品出口占比从33%上升到35.3%，主要原因是玻璃制品和家具制品的出口占比上升；资本密集型产品从2009年的28%降到2014年的27.3%，主要由于第84章核反应堆、锅炉、机器、机械器具及其零件的下降，但其中第72章钢铁制品占比仍在上升，从2009年的1.1%上升到2014年的2.4%。

从进口来看，如图3.28、图3.29所示，这一阶段资源密集型产品占比上升明显，技术密集型产品占比先降后升，劳动密集型产品占比相对平稳，但2014年以后有明显的上升趋势，资本密集型产品占比明显下降。技术密集型产品中，电气、电子产品、光学和医疗设备、有机化学、非机动机车以及航空航天设备的进口占比大幅上升。资源密集型产品进口上升主要来自对化石能源产品的进口需求。资本密集型产品结构变化主要来自机械设备锅炉、铜制品、镍制品产品的进口下降。劳动密集型产品中塑料品、油料作物和杂项食品进口上升明显。

这一变化的主要原因有两点，一是受国际金融危机冲击，世界各国几乎同步受到严重影响，需求萎缩导致大宗商品价格开始步入下跌通道，资源密集型贸易占比先升后降，尤其对进口的影响更是明显，这可能与大宗商品尤其是原油价格的先升后降密切相关。二是信息技术蓬勃发展，信息技术产品成熟度更高，相关业态的创新凸显，新产品和新业态开始涌现，尤其是中国在全球信息技术业务方面的竞争力大幅增强，全球互联网需求规模和生产能力都得到较大幅度提升，新兴发展中国家也在推动产业升级和技术升级，改变传统生产模式，推动资源集约型、环境友好型社会的发展，2008年国际金融危机后欧洲又迎来债务危机，全球经济复苏缓慢，大宗商品价格有下行的压力，再加上供给侧结构性改革驱动的产能和环保政策双重影响，使技术产品贸易占比有上升趋势，资本密集型如钢铁等行业，与全球需求下降、去产能、环保等多项措施相关，从而贸易占比呈下降趋势。

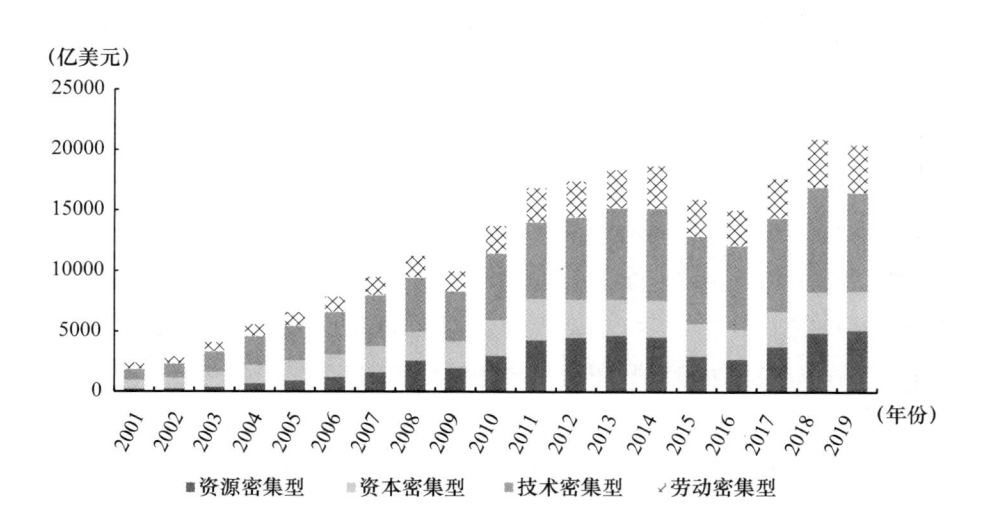

图 3.28　中国货物进口类型

资料来源：UN Comtrade。

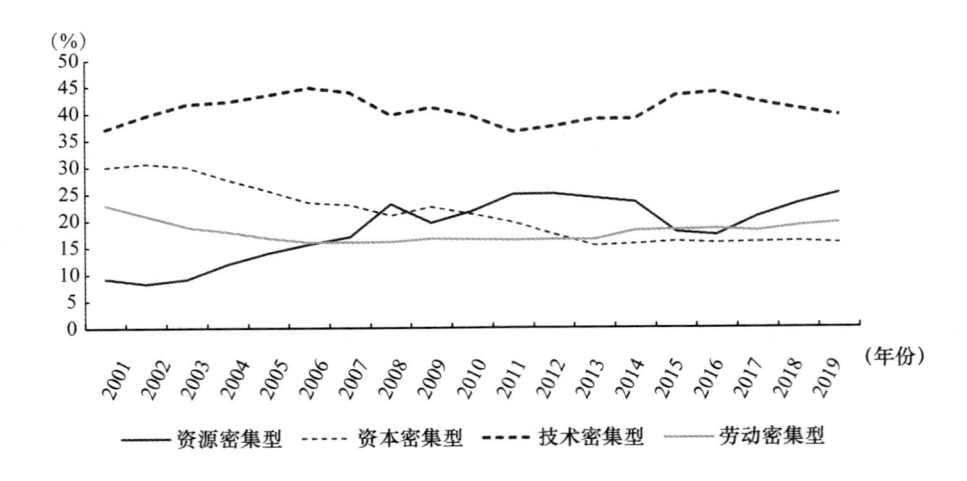

图 3.29　中国货物进口类型占比

资料来源：UN Comtrade。

第三，2014—2017 年，技术密集型产品占比继续上升、劳动密集型产品再次明显下降，资源密集型产品稳中有升，资本密集型产品占比保持稳定。技术密集型产品出口中，化学品和药品的出口上升明显；劳动密集型产品出口上升的主要是蔬菜、咖啡、茶叶、杂项食品；资本密集型产品中，钢铁制品、肥料等出口明显下降。从进口占比来看，资本密集型产品保持平稳趋势，资源密集型产品、技术密集型产品开始有所上升。技术密集型产品中对有机化学品和药品的进口需求上升明显，劳动密集型产品中对珠宝钻石、塑料制品以及肉类制品的进口需求上升明显，资本密集型产品中对机器设备、香水和盥洗用品的进口需求上升明显。需要提及的是，劳动密集型产品出口自 2001 年以来就有持续下降趋势，这与中国的产业升级和老龄化密切相关。有三方面原因：一是国内老龄化带来的劳动力成本开始体现在产业层面，劳动力成本上升使劳动密集型产品产业贸易面临成本危机，使劳动密集型产品生产承压；二是国内开始启动供给侧结构性改革，注重提升发展的质量，推动技术进步和产业升级来获得长久的潜在增长力，因此促进了技术密集型产业的发展；三是前期的供给侧结构性改革削减了钢铁、玻璃、铝制品等产能过剩行业，国际经济复苏较缓也使这些行业出口有限，从而保持相对稳定趋势。

第四，2018年至今，从出口占比看，技术密集型产品、资本密集型产品呈现微降趋势，而劳动密集型产品、资源密集型产品呈微升趋势。技术密集型产品中，有机化学品、非铁道机动车以及光学产品出口下降明显，药品则是上升明显。资本密集型产品中，铜制品、铝制品、锌制品以及机器设备出口下降明显，钢铁、肥料以及盥洗用品等出口上升明显。资源密集型产品中，矿物燃料出口下降明显，矿渣、矿灰出口上升明显。

从进口占比来看，资源密集型产品明显上升，劳动密集型产品微幅上升，技术密集型产品明显下降，资本密集型产品进口占比保持相对稳定。资源密集型产品进口上升受矿物油产品、矿石类产品进口驱动；劳动密集型产品上升受玩具和体育用品、塑料品、皮毛制品、打印产品的进口驱动，其下降受纺织品、木制品、棉花产品驱动。资本密集型产品进口下降主要受铝制品、机器设备、钢铁驱动，进口上升受基础金属品、人造丝制品以及钢铁制品驱动。技术密集型产品占比下降主要受铁道机车设备、化学品进口下降拉动，电子产品和光学产品出口上升。

由于中国技术密集型产品产业受美国科技制裁的影响较大，因而技术密集型产品产业在2018—2019年出现明显的下降趋势。尽管老龄化的影响在持续加剧，但中国仍然有劳动力资源的数量优势。当中国科技产业受美国制裁的影响而出口受限时，相对而言劳动密集型产品低技术含量的优势就体现出来，躲过了制裁限制以及负面影响的产业链蔓延影响。

（二）从价值链层面的判断

第一，价值链的行业重构。以中国为代表的发展中国家将在高端制造业中有更多的建设机会。这是基于当前技术环境判断的，比如5G、云计算等数字技术的革新，使计算机算力从单个PC中解放出来，通过专业化团队运营，增强了普通PC上所不能承载的算力，如阿里巴巴、腾讯、华为的云办公系统。2020年9月17—18日阿里巴巴推出了第一台云电脑"无影"，通过该电脑可以直接实现原来单个PC端所不能实现的算力，实现算力的专业化、集中化和规模化管理。因此，在新技术背景下，中国在高端技术产业的贸易方面会有更多建设机会。

因此，结合前文的分析，技术进出口贸易将会一直是中国对外贸易的重点领域，尤其是中美经贸摩擦以来，中国更加重视自身技术培育以及外部技术引进，起码在"十四五"规划中，技术转型升级将是十分重要的内容，因此，无论从进口还是出口来看，未来中国将通过贸易渠道、自主研发、吸引外商投资等多重领域，推动技术升级和产业升级，从而带动贸易升级，中国向世界各国出口高技术含量的产品占比会更高，中国从世界其他各国进口该类产品的占比也会维持在较高水平。

第二，价值链中新链条的诞生。技术进步有可能实现区域劳动力市场的全球化，推动虚拟的全球劳动力市场形成。例如，数字化可以改变货物贸易方式，也会改变生产和提供服务方式，模糊商品和服务与交付方式之间的灰色区分，并能引入商品和服务新组合，比如智能家具不仅需要冰箱等商品实体，还需要嵌入式智能服务，这也将构成未来国际贸易和投资政策新挑战。数字贸易兴起的重要原因是信息技术进步，信息技术为服务贸易提供必要的网络基础设施，支撑其他类型服务的数字化，促使数字化服务兴起，比如跨境电商平台、智慧物流、智能监管等新模式和新业态，为国际贸易注入新活力。

第三，价值链可能遭受保守主义和民粹主义的挑战。2008年国际金融危机后，这两种价值观占据了世界主流政治舞台的中央，一方面加速催生了西方世界的再工业战略，将全球资本重新吸回本土发展制造业并创造就业，其直接结果是使全球资本大重构,尤其是来自发展中国家的资本;另一方面加速激化了大国摩擦,2020年受新冠肺炎疫情和保护主义的双重冲击,中美双边关系加速恶化,2020年9月4日美国、中国台湾、日本、欧盟在中国台湾举办"重组供应链:促进理念相近伙伴间之韧性论坛"并发表共同声明要进一步强化21世纪印太地区与世界各国的稳健及繁荣,要联手组建一个"非红色供应链"。这些地区在高端技术领域供应中占有绝对性优势,如果通过组建新的价值链体系来排挤中国,中国在高端技术贸易活动方面所受的限制可能会更大。

(三) 基于新冠肺炎疫情的几点趋势判断

第一,技术密集型产品贸易会有较大分化,化学品、药品等贸易会更加活跃,但电子产品贸易可能因保护主义受损。一是由于疫情冲击,本身会提升与疫情相关的药品、防护用品、卫生用品等产品贸易。二是因为中美经贸摩擦之后,中国会更加重视技术密集型产业的发展,但美国通过专利保护和出口禁止令来限制部分国家和厂商,不利于技术密集型产业出口,如果美国扩大出口限制范围,将使中国的技术密集型产业进口也遭受较大影响。

第二,劳动密集型产品贸易会受两方面影响。一是短期受疫情冲击较大,最主要原因是无法聚集开展生产,也使部分产业消费收缩。二是长期受老龄化冲击,人口老龄化使劳动力市场面临短缺危机,成本上升不利于该产业贸易发展。

第三,资本密集型贸易也会出现分化,但中国低技术含量的资本密集型产品出口可能会持续减小。如上所述,部分行业如钢铁等会受产业升级政策、环保政策等的影响,未来贸易可能面临继续收缩;部分高技术含量的机械设备等产业可能会因新兴市场国家的技术升级和产业升级而受益。

第四,资源密集型产品进口贸易会继续上升。资源密集型产业不是中国出口贸易的优势产业，中国尽管地大物博，但矿物燃料等资源密集型产业稀缺，进口依存度较高，因此仍可能会继续扩大进口占比，出口方面可能会一直收缩。

第四章 中国服务贸易结构变化趋势及预测[*]

本章基于WTO-TISMOS数据库和亚洲开发银行多区域投入产出数据库，结合WWZ贸易增加值核算方法，对近年来中国服务贸易结构及发展趋势进行分析。首先，利用WTO-TISMOS数据库，按照四种供应模式分析全球服务贸易规模、结构及变化趋势；在此基础上比较分析中国与美国、日本、德国、巴西、印度、俄罗斯等世界主要国家的服务贸易结构。其次，为明晰中国实际服务贸易结构和竞争力，进一步利用亚洲开发银行多区域投入产出数据库2000—2018年数据，结合WWZ贸易增加值核算方法，对近年来中国服务增加值贸易结构及发展趋势进行分析。最后，在了解过去贸易结构基础上，分析影响服务贸易的主要因素，并对中国服务贸易结构的变动趋势进行预测。

基于近年来中国贸易结构的变动趋势、技术和数字经济的快速发展、服务贸易进一步开放的特征事实，对未来中国服务贸易结构的变化进行预测。我们认为：第一，服务占总产出及贸易的比重将进一步上升；第二，传统服务贸易占比将进一步下降，知识技术密集型服务贸易占比将进一步上升。尤其是在价值链中扮演着重要作用的金融服务、电信服务以及法律、会计、咨询等商

---

[*] 本章作者为马盈盈（中国社会科学院世界经济与政治研究所助理研究员）。

业服务。同时，数字技术的发展以及收入水平的提高，远程医疗、远程教育、远程咨询服务贸易规模将不断提高。预计未来五年，中国贸易增速最快的服务部门会是信息与通信技术服务，同时数字经济驱动型服务的贸易也会有较快增长。

随着新冠肺炎疫情在全球暴发，短期内世界经济将遭受剧烈冲击，国际贸易和投资持续萎缩，全球制造业产出大幅下降，生产性服务业受到拖累。同时，各国政府采取隔离、禁运禁航等措施，导致运输、物流、旅游、餐饮和住宿等生产生活服务贸易大幅下降。但从中长期来看，疫情对服务贸易影响较小，主要作用是加速数字经济的发展、推动贸易模式的变革。

一　全球服务贸易总额及行业结构变化

《服务贸易总协定》（GATS）以"移动"为标准，将服务贸易模式分为模式1"跨境交付"（M1）、模式2"境外消费"（M2）、模式3"商业存在"（M3）以及模式4"自然人流动"（M4）四种。本章利用WTO - TISMOS数据库按照四种供应模式分析中国服务贸易规模、结构及变化趋势；并在此基础上与美国、日本、德国、巴西、印度、俄罗斯等主要发达国家和发展中国家进行比较。

TISMOS数据库[①]是WTO 2019年发布的一个新的数据库，涵盖2005—2017年200个经济体的服务进出口数据。该数据库基于现有的BOP数据和FATS数据构建，首次全面评估了14类服务（见表4.1）四种供应模式的贸易额，通过将EBOPS与ISIC分类匹配，本报告分析运输和存储服务、卫生服务、教育服务、旅游服务、建筑服务、金融保险服务、专利特许服务、通信服务、商

---

① https：//www.wto.org/english/res_e/statis_e/trade_datasets_e.htm#TISMOS.

业服务、文化与创意服务、其他个人服务以及贸易相关服务等12类服务的贸易发展情况。其中运输服务按照服务对象，可以划分为旅客、运费和其他服务，按照运输方式，可以划分为海上服务、航空服务及其他服务；旅游服务按照对象可分为个人旅游和商务旅行；电信服务指电信、计算机、信息和视听服务；商业服务包括研发服务，专业和管理咨询服务，建筑、工程、科技服务，环境服务，租赁服务和其他商业服务等。

表4.1　　TISMOS 行业分类：EBOPS 与 ISIC Rev. 4 对照表

EBOPS 分类	行业	ISIC Rev. 4 分类	ISIC 行业
SA	制造业服务	—	
SB	维修服务	—	
SC	运输和存储服务	H	运输和存储
SDB1SK21	卫生服务	Q	卫生和社会工作
SDB2SK22	教育服务	P	教育
SDASDB3	旅游服务	I	餐饮和住宿
SE	建筑服务	F	建筑
SFSG	金融保险服务	K	金融和保险
SH	专利特许服务	—	
SISK1	通信服务	J	电信
SJXSJ34	商业服务	L＋M＋N	房地产；专业、科技活动；行政支持服务
SK23	文化与创意服务	R	文化娱乐服务
SK24	其他个人服务	S	其他服务活动
SWSJ34	贸易相关服务	G	批发零售服务；机动车维修

资料来源：Wettstein 等（2019）。

（一）全球服务贸易总体变化趋势

2005年以来，全球服务贸易趋势性增长，2017年服务贸易总额超过 13 万亿美元（见图 4.1）。根据 TISMOS 数据库计算，2005—2017 年，全球服务贸易从 7.03 万亿美元上升至 13.26 万亿美元，年平均增速为 5.4%，高于货物贸易的年平均增速 4.6%。

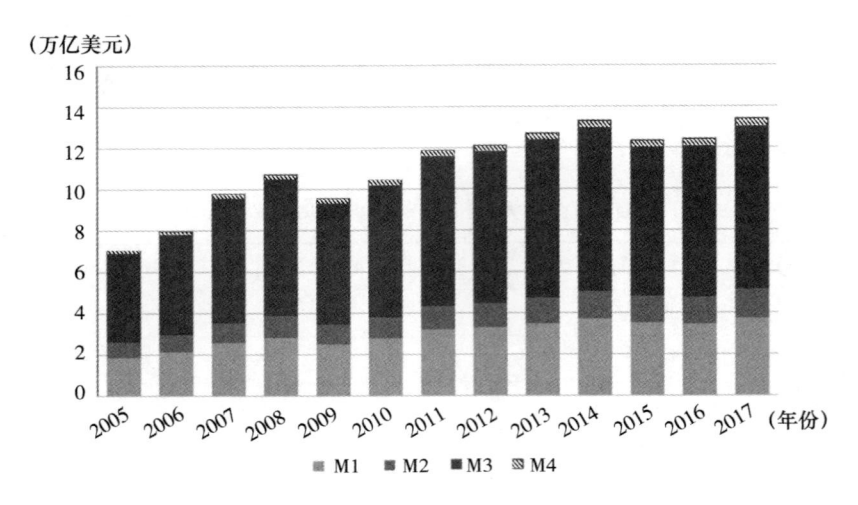

图 4.1　2005—2017 年按四种供给模式分类的全球服务贸易额

资料来源：TISMOS 数据库。

从服务供给模式来看（见图 4.2）：商业存在始终是服务贸易的主要模式，2005—2017 年占服务贸易总额平均比重为 60.5%；其次是包括电子商务方式交易的跨境交付模式，平均占比为 27.2%，；境外消费平均占比为 9.7%；自然人流动模式平均占比为 2.6%。从四种供给模式占比变化来看，商业存在占比略有下降，从 2005 年的 61% 下降至 2017 年的 58.9%，下降 2.1 个百分点；而跨境交付和自然人存在模式占比有所上升。一方面，随着信息通信技术的发展，服务跨境可贸易性不断增加。另一方面，全球价值链的发展使得服务贸易变得越来越重要，价值链上游的发达国家将低端制造环节外包给发展中国家，并通过跨境贸易和自然人流动提供配套的技术支持服务。

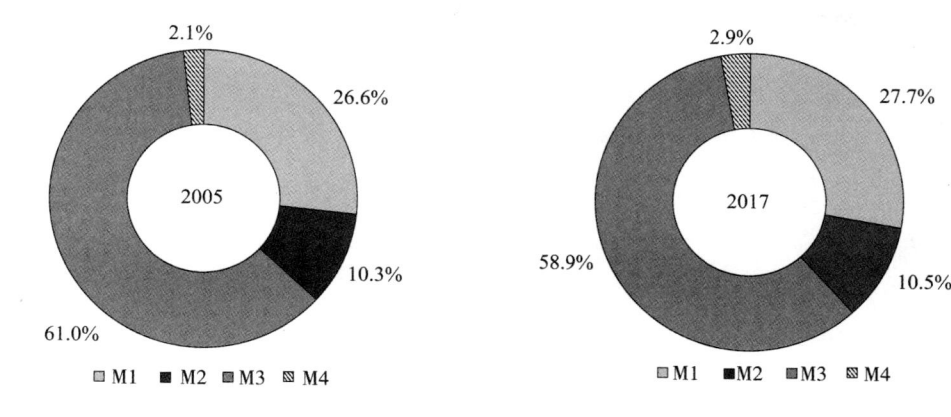

图4.2 2005年和2017年按四种供给模式分类的全球贸易份额

资料来源：TISMOS数据库。

根据亚洲开发银行多区域投入产出数据库（ADB-MRIO）测算，2000—2018年，全球服务贸易总额（仅包括模式1：跨境交付）从1.95万亿美元上升至7.31万亿美元，占总贸易的比重从26.25%上升至29.95%（见图4.3）。除2008年国际金融危机之后略有下降外，服务贸易总额占总贸易的比重整体呈现上升趋势。

图4.3 2000—2018年全球服务贸易总额及占总贸易比重

资料来源：ADB-MRIO数据库。

(二) 全球服务贸易行业结构及变化趋势

1. 全球服务贸易行业结构分析

分行业来看（见表 4.2），2017 年，分销服务、商业服务、金融保险服务、通信服务和运输服务贸易额较高，分别为 2.63 万亿、2.50 万亿、2.46 万亿、1.76 万亿和 1.59 万亿美元，占总服务贸易的比重分别为 19.9%、18.9%、18.6%、13.2% 和 12.0%；其次是旅游服务、建筑服务和专利特许服务，占比分别为 7.8%、3.4% 和 3.0%；卫生服务、教育服务、文化娱乐服务和其他服务占比均不超过 1%。

从服务供给模式来看，跨境交付模式在分销服务、商业服务、运输服务、金融保险服务、专利特许服务和通信服务中广泛存在，前三类约占服务跨境交付总额的 64.6%，后三类占比分别为 14.2%、10.8% 和 10.0%；跨境消费模式仅存在于个别服务中，其中旅游服务占比超过 60%，运输服务约为 18.3%；对于商业存在模式，金融保险服务和分销服务约占服务商业存在贸易额的一半，商业服务和通信服务业也占有较高比重，分别为 18.2% 和 16.7%；自然人流动模式主要以商业服务为主，占比为 65.3%，其次是通信服务，占比约为 21.9%。

表 4.2　　2017 年世界分行业服务贸易额及占比

行业	M1 (%)	M2 (%)	M3 (%)	M4 (%)	总计 (%)	贸易额 (百万美元)
运输服务	21.2	18.3	7.1	—	12.0	1586238
旅游服务	—	61.8	2.3	—	7.8	1029246
卫生服务	0.1	0.9	0.5	0.2	0.4	54101
教育服务	0.1	6.9	0.1	0.6	0.8	111185
建筑服务	—	—	5.2	9.4	3.4	444576
金融保险服务	14.2	—	24.8	—	18.6	2462982

续表

行业	M1(%)	M2(%)	M3(%)	M4(%)	总计(%)	贸易额(百万美元)
专利特许服务	10.8	—	—	—	3.0	395720
通信服务	10.0	0.2	16.7	21.9	13.2	1755934
商业服务	22.1	0.8	18.2	65.3	18.9	2501096
文化娱乐服务	0.1	—	0.6	0.5	0.4	54412
其他个人服务	0.2	—	0.7	0.7	0.5	66668
分销服务	21.3	—	23.7	—	19.9	2634176
总计	100.0	100.0	100.0	100.0	100.0	13256213

注：贸易额取进口和出口的平均值。
资料来源：根据TISMOS数据库计算。

进一步对比各服务行业四类供给模式的占比（见表4.3）发现，对于运输服务、金融保险服务、通信服务、商业服务及分销服务等生产性服务业，除运输服务外，其他四类服务商业存在模式占贸易额的比重均超过50%，尤其是金融保险服务和通信服务，占比高达78.8%和74.1%。

表4.3　　　　2017年各服务行业四类供给模式占比

行业	M1(%)	M2(%)	M3(%)	M4(%)
运输服务	49.1	15.9	35.0	0.0
旅游服务	0.0	82.7	17.3	0.0
卫生服务	5.1	22.3	70.9	1.7
教育服务	4.0	85.0	8.9	2.2
建筑服务	0.0	0.0	91.8	8.2
金融保险服务	21.2	0.0	78.8	0.0
专利特许服务	100.0	0.0	0.0	0.0
通信服务	20.9	0.1	74.1	4.9
商业服务	32.5	0.4	56.9	10.2

续表

行业	M1（%）	M2（%）	M3（%）	M4（%）
文化娱乐服务	10.0	0.0	86.7	3.3
其他个人服务	11.3	0.0	84.7	4.0
分销服务	29.7	0.0	70.3	0.0
总计	27.7	10.4	58.9	2.9

资料来源：根据 WTO - TISMOS 数据库计算。

我们进一步将商业服务分为研发服务，法律、会计、管理咨询服务，广告和市场调研服务，建筑服务等8个子类，发现剔除商业存在模式以外的服务贸易总额中，法律、会计和管理咨询服务占比最高，约为30.6%，其次是研发服务、广告和市场调研服务和工程服务，分别为15.3%、10.7%和9.5%（见表4.4）。

表4.4　　　　2017年商业服务业四类供给模式占比

商业服务业	M1（%）	M2（%）	M4（%）	总计（%）	M1+M2+M4贸易额（百万美元）
研发服务	14.7	—	18.1	15.3	169879
法律、会计、管理咨询服务	30.8	—	31.3	30.6	339133
广告和市场调研服务	11.0	—	10.1	10.7	118601
建筑服务	0.5	—	0.5	0.5	5080
工程服务	9.5	—	9.9	9.5	104935
科技服务	3.9	—	4.0	3.9	43268
环境服务	0.0	100.0	4.5	2.2	24087
租赁服务	8.5	—	0.0	6.4	70509

注："—"表示不存在此类供给模式。
资料来源：根据 WTO - TISMOS 数据库测算。

2. 全球服务贸易分行业变化趋势分析

表4.5展示了各服务行业整体以及按照四种供给模式分类

的2005—2017年年平均增长率。整体来看，卫生服务、计算机服务、研发服务和文化娱乐服务呈快速增长趋势，年平均增长率约为10%。运输服务、金融保险服务、通信服务、商业服务和分销服务年平均增长率分别为4.6%、4.9%、6.8%、7.1%和3.5%，且跨境交付增速快于商业存在贸易模式的增速（运输业除外）。

表4.5　2015—2017年各服务行业分供给模式年平均增长率

行业	M1（%）	M2（%）	M3（%）	M4（%）	总计（%）
运输服务	4.1	4.3	5.4	—	4.6
旅游服务	—	5.6	5.7	—	5.7
卫生服务	11.0	7.0	12.4	11.4	10.8
教育服务	1.5	7.5	13.2	3.3	7.4
建筑服务	—	—	7.0	7.7	7.1
金融保险服务	6.4	—	4.5	—	4.9
专利特许服务	6.6	—	—	—	6.6
通信服务	8.0	4.2	6.3	10.1	6.8
电信服务	3.7	—	—	—	3.7
计算机服务	10.9	—	—	10.7	10.9
信息服务	6.8	—	—	—	6.8
视听服务	3.7	4.2	—	3.9	3.8
商业服务	7.7	4.3	6.8	7.8	7.1
研发服务	9.4	—	—	9.6	9.4
法律会计管理咨询服务	8.7	—	—	8.8	8.7
广告和市场调研服务	8.1	—	—	8.1	8.1
建筑服务	5.8	—	—	5.8	5.8
工程服务	5.2	—	—	5.3	5.3
科技服务	6.0	—	—	6.0	6.0
环境服务	—	4.3	—	4.3	4.3

续表

行业	M1（%）	M2（%）	M3（%）	M4（%）	总计（%）
租赁服务	4.5	—	—	—	4.5
其他商业服务	7.8	—	—	7.8	7.8
文化娱乐服务	7.8	—	12.3	8.2	11.2
其他个人服务	11.8	—	13.2	11.7	13.0
分销服务	4.3	—	3.2	—	3.5

注：空白栏表示相应服务不存在此种供给模式。

资料来源：根据 WTO-TISMOS 数据库测算。

二 服务总值贸易进出口结构的国际比较

选取巴西、印度、俄罗斯、南非四个金砖国家以及美国、德国、日本、韩国和英国五个发达国家，比较中国与这些国家的服务贸易结构和国际竞争力。

（一）中国与主要国家服务总值贸易出口行业结构比较

从服务业整体来看，2017年中国服务贸易出口总额占世界服务贸易出口总额的比重为6.29%，高于四个金砖国家、日本、英国和韩国，是美国的36.3%、德国的85.1%（见表4.6）。

分行业来看，中国具有比较优势的行业为建筑服务、商业服务和其他服务，占世界总出口比重分别为37.32%、11.23%和13.72%，巴西具有比较优势的行业为通信服务、商业服务和分销服务，印度具有比较优势的行业为通信服务、商业服务和旅游服务，俄罗斯具有比较优势的行业为运输服务和分销服务，南非具有比较优势的行业为旅游服务、分销服务和运输服务，德国具有比较优势的行业为卫生服务、金融保险服务、运输服务和分销服务，英国具有比较优势的行业为金融保险服务、教育服务、卫生服务、其他服务、专利特许服务和商业服务；日本具有比较优势的行业为专利特许服务、通信服务、分销服务和文化娱乐服务；韩国具有比较优势的行业是分销服务、运输服务和建筑服务；美国具有比较优势的行业是专利特许服务、文化娱乐服务、教育服务、金融保险服务、其他服务和通信服务。总的来说，发达国家在卫生服务、教育服务、文化娱乐服务、金融保险服务、专利特许服务和其他服务上具有比较优势，中国在这些领域亟待赶上。

表4.6 2017年中国与主要国家服务出口结构及占世界比重

单位：%、百万美元

行业	中国	巴西	印度	俄罗斯	南非	德国	英国	日本	韩国	美国	世界贸易额
运输服务	4.15	0.46	1.17	1.83	0.16	10.16	2.76	3.27	2.46	9.92	1502693
旅游服务	2.83	0.35	1.93	0.53	0.49	2.32	3.79	2.14	0.80	17.40	1043241
卫生服务	2.45	0.13	0.58	0.11	0.01	34.24	6.57	0.11	0.64	19.24	54053
教育服务	4.10	0.13	0.88	0.39	0.08	2.70	8.53	3.01	0.09	36.51	116009
建筑服务	37.32	0.26	0.37	0.48	0.03	1.82	4.89	4.30	2.27	4.55	504782
金融保险服务	3.37	0.50	0.32	0.48	0.12	11.12	10.55	1.69	1.63	21.43	2535756
专利特许服务	1.25	0.17	0.17	0.19	0.03	5.26	5.47	10.95	1.87	33.67	381238
通信服务	2.75	0.68	3.64	0.86	0.14	6.19	3.59	10.43	0.38	18.36	1851490
商业服务	11.23	0.73	3.20	0.66	0.08	5.16	5.47	4.28	1.76	16.46	2532071
文化娱乐服务	4.34	0.47	0.23	0.33	0.11	2.83	1.41	6.95	1.07	39.58	54526
其他服务	13.72	0.04	0.37	0.18	0.00	0.95	6.31	0.33	0.43	24.00	68124
分销	4.22	0.93	0.77	1.41	0.19	8.53	1.29	7.80	3.55	16.27	2588064
总计	6.29	0.61	1.65	0.89	0.15	7.39	4.92	5.21	1.89	17.34	13232047

资料来源：WTO–TISMOS数据库。

从服务贸易出口占总出口的比重来看，2018年中国服务贸易出口占总贸易的比重为18.2%，低于世界平均水平（29.95%），也远低于英国（54.4%）和美国（41.0%）。

表4.7　2000—2018年中国与主要国家服务出口占总出口的比重　　　单位：%

国家	巴西	中国	德国	英国	印度	日本	韩国	俄罗斯	美国
2000	16.2	20.2	17.9	31.2	35.1	19.8	11.7	38.1	31.7
2007	12.4	15.2	18.3	41.9	47.8	21.3	16.3	36.2	37.4
2008	13.9	16.8	19.1	40.0	46.5	24.0	13.2	42.1	37.5
2009	14.8	18.5	21.6	47.5	41.9	24.5	9.8	38.7	39.3
2010	13.8	17.6	19.6	48.8	44.6	23.0	10.9	37.5	38.4
2011	13.7	18.3	18.5	47.7	42.8	22.7	9.2	36.8	37.7
2012	14.6	18.7	19.2	48.8	36.8	24.3	10.8	34.0	38.1
2013	14.4	17.0	19.7	53.2	30.9	19.7	11.1	33.2	38.2
2014	14.0	16.6	19.8	54.1	30.9	17.9	13.9	30.8	38.3
2015	13.4	17.6	19.6	55.0	30.5	17.8	14.3	30.2	40.4
2016	14.3	17.2	20.0	54.8	30.5	17.6	14.1	33.7	41.3
2017	14.2	18.2	20.0	54.3	31.7	17.7	12.6	30.0	41.2
2018	13.7	18.2	19.5	54.4	31.7	17.8	12.6	27.3	41.0

资料来源：ADB–MRIO数据库。

2000—2018年，中国货物和服务出口占国际市场份额稳步提升。其中，中国服务出口额占世界服务出口总额的比重从2.71%上升至6.79%；货物出口额占世界货物出口总额的比重从3.83%上升至13.06%，但中国服务出口的国际市场份额始终低于货物出口的国际市场份额，说明中国服务贸易的国际竞争力有待进一步提升。

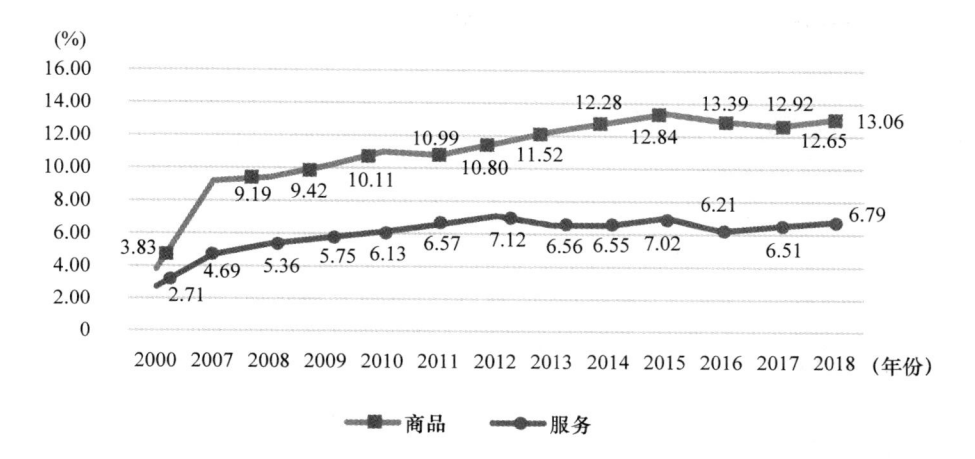

图 4.4 中国货物、服务出口额分别占世界货物、服务出口总额的比重

资料来源：ADB－MRIO 数据。

（二）中国与主要国家服务总值贸易进口行业结构比较

从服务业整体来看，2017 年中国服务贸易总进口为 4676 亿美元，占世界服务总进口的比重为 8.50%，仅低于美国的 14.51%（见表 4.8）。

表 4.8　2017 年中国与主要国家服务进口结构及占世界比重　　　单位：%

行业	中国	巴西	印度	俄罗斯	南非	德国	英国	日本	韩国	美国
运输服务	10.13	1.16	3.42	1.18	0.46	6.41	6.17	2.66	2.40	9.29
旅游服务	14.19	1.50	1.17	2.18	0.19	6.30	6.36	1.30	2.30	13.50
卫生服务	3.20	0.20	0.73	0.84	0.18	5.82	14.77	0.07	1.01	36.19
教育服务	41.70	1.07	2.44	1.20	0.07	1.84	1.42	1.53	2.67	10.25
建筑服务	6.70	0.75	0.47	2.04	0.55	7.80	8.92	1.04	2.03	16.56
金融保险服务	1.21	1.72	0.52	0.68	1.04	4.34	3.66	4.22	1.76	19.19
专利特许服务	6.97	1.27	1.59	1.46	0.52	3.10	2.93	5.20	2.26	12.50
通信服务	10.12	2.13	2.15	1.08	0.37	7.20	8.34	3.64	2.10	14.09
商业服务	15.56	1.19	1.34	1.09	0.12	8.00	8.03	3.39	2.12	10.97

续表

行业	中国	巴西	印度	俄罗斯	南非	德国	英国	日本	韩国	美国
文化娱乐服务	2.56	2.72	7.48	3.04	0.04	2.55	15.28	0.45	2.00	25.00
其他服务	2.37	0.37	0.18	0.52	0.42	10.19	14.92	9.73	2.15	12.29
分销服务	3.75	1.45	0.87	1.47	0.34	6.37	6.43	2.22	1.33	17.24
总计	8.50	1.47	1.44	1.23	0.44	6.33	6.43	3.06	1.94	14.51

注：这里的贸易额为四种供给模式贸易额之和。

资料来源：WTO-TISMOS 数据库。

分行业来看，中国服务进口中占比较高的行业为教育服务、商业服务、旅游服务、运输服务和通信服务，占世界总进口比重分别为 41.7%、15.56%、14.19%、10.13% 和 10.12%，巴西服务进口占比较高的行业为文化娱乐服务、通信服务、金融保险服务和旅游服务，印度服务进口占比较高的行业为文化娱乐服务、运输服务、教育服务、通信服务和专利特许服务，俄罗斯进口占比较高的行业为文化娱乐服务、旅游服务、建筑服务、特许专利服务和分销服务，南非进口占比较高的行业为金融保险、专利特许服务、建筑服务和运输服务，德国进口占比较高的为其他服务、商业服务、建筑服务和通信服务，英国进口占比较高的行业为文化娱乐服务、卫生服务、其他服务、建筑服务、通信服务和商业服务；日本进口比重较高的行业为其他服务、专利特许服务、金融保险服务、通信服务和商业服务；韩国进口比重较高的行业是教育服务、运输服务、旅游服务、专利特许服务和其他服务；美国进口比重较高的行业为卫生服务、文化娱乐服务、金融保险服务。

此外，根据 ADB-MRIO 数据库，2000—2018 年，中国按照跨境交付模式进口的服务总额从 236.77 亿美元上升至 3576.63 亿美元，占世界总服务贸易的比重从 1.22% 上升至

4.90%。同时，中国货物进口总额从1969.62亿美元上升至17448.67亿美元，占世界总货物贸易的比重从3.60%上升至10.21%（见图4.5）。

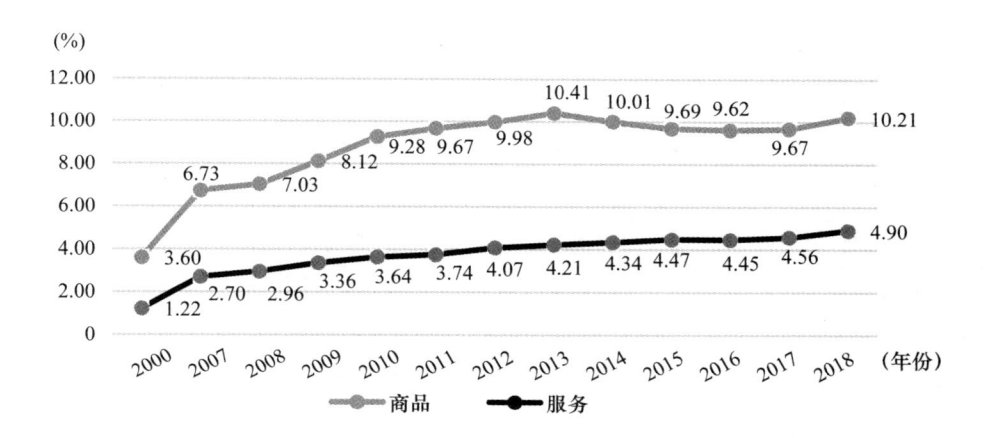

图 4.5 中国货物、服务进口分别占世界货物、服务进口总额的比重
资料来源：ADB-MRIO 数据。

（三）中国服务总值贸易逆差的行业解构及国际比较

2017年，中国服务贸易逆差总额为2931亿美元，主要由通信服务、旅游服务、商业服务、运输服务、教育服务和专利特许服务六类服务的贸易逆差引致，这些行业逆差占总逆差的比重分别为44.1%、39.9%、36.9%、32.4%、14.3%和7.7%；而中国的建筑服务、金融保险服务、分销服务、其他服务、文化娱乐服务存在贸易顺差。

其他四个金砖国家中，巴西所有行业均存在贸易逆差，逆差总额为11345亿美元，其中金融保险和通信服务逆差约占一半，商业服务、旅游服务和分销占比均在10%左右。印度服务贸易总体为顺差（283亿美元），其中商业服务、通信服务、旅游服务和其他服务为顺差，分别贡献了163.99%、92.48%、27.55%和0.46%，其余行业均为逆差。俄罗斯服务逆差总额为445亿美元，除运输服务外，其他服务均为逆差，占总逆差较高的行业包括旅游服务、商业服务、建筑服务和专利特许服务。南非服务逆差总额为 390 亿美元，除旅游服务、教育服务和文化娱乐服务外，其他服务行业均为逆差，尤其是金融保险服务占总逆差的比重高达 50%，运输服务、电信服务和分销服务占比均高于 10%。

表 4.9　主要国家各服务行业进出口差额占自身服务贸易总差额的比重　　单位：%，亿美元

行业	中国	巴西	印度	俄罗斯	南非	德国	英国	日本	韩国	美国
运输服务	32.37	9.84	-125.89	-23.11	12.23	42.19	27.10	3.41	-14.68	2.64
旅游服务	39.88	10.39	27.55	38.09	-7.81	-29.03	13.26	3.02	241.02	10.70
卫生服务	0.14	0.03	-0.29	0.89	0.23	10.90	2.22	0.01	3.14	-2.44
教育服务	14.26	0.93	-6.11	2.02	-0.02	0.68	-3.96	0.58	44.78	7.78
建筑服务	-46.44	1.92	-1.57	15.64	5.87	-18.85	8.98	5.08	-16.57	-14.23
金融保险服务	-18.18	26.54	-17.32	10.91	57.85	118.45	-84.99	-21.86	48.35	14.68
专利特许服务	7.72	3.84	-19.82	11.28	4.95	6.05	-5.03	7.97	23.80	22.32
通信服务	44.12	22.41	92.48	8.56	10.38	-12.59	41.75	41.80	469.98	19.96
商业服务	36.94	10.16	163.99	24.12	2.35	-50.44	32.05	7.82	140.92	36.58
文化娱乐服务	-0.33	1.08	-13.92	3.32	-0.09	0.11	3.78	1.24	7.88	2.11
其他服务	-2.58	0.19	0.46	0.51	0.72	-4.37	2.87	-2.20	17.89	2.08
分销	-4.20	12.09	-9.03	3.31	10.42	40.34	67.82	51.50	-910.90	-6.84
贸易差额	-2931	-11345	283	-445	-390	1410	-1996	2853	-64	3753

资料来源：根据 TISMOS 数据库测算。

五个发达国家中，英国和韩国服务贸易存在逆差。英国服务逆差总额为1996亿美元，除金融保险服务、专利特许服务和教育服务外，其他行业均为逆差，尤其是分销服务、通信服务和商业服务，占总逆差的比重分别为67.82%、41.75%和32.05%；而英国金融保险服务顺差额约为逆差总额的85%。韩国服务贸易逆差额为64亿美元，除分销服务、建筑服务和运输服务外，其他行业均为逆差，尤其是通信服务、旅游服务和商业服务，分别是逆差总额的9.1倍、2.4倍和1.4倍，而分销服务顺差是逆差总额的9.1倍。德国贸易顺差总额为1410亿美元，其中金融保险服务、分销服务、运输服务分别贡献了118.45%、40.34%和42.19%，而商业服务、旅游服务、建筑服务、通信服务和其他服务存在逆差，分别占顺差总额的50.44%、29.03%、18.85%、12.59%和4.37%。美国服务贸易顺差总额为3753亿美元，其中商业服务、专利特许服务、通信服务、旅游服务分别贡献了36.58%、22.32%、19.96%和10.70%，仅卫生服务、建筑服务和分销服务存在逆差，占服务顺差额的比重分别为2.44%、14.23%和6.84%。

（四）中国与主要国家服务进出口贸易模式比较

1. 出口

从供给模式来看，中国服务业出口以商业存在（M3）为主，商业存在模式出口额占总服务出口比重为68.4%，高出世界整体9个百分点，跨境交付（M1）、境外消费（M2）和自然人流动（M4）服务出口占比分别为22.9%、5%和3.6%，而世界整体相应的占比分别为28.2%、9.3%和3.1%。对比各国服务贸易模式，印度和南非服务出口以跨境交付模式为主，占总出口比重分别为61.3%和44.7%，显著高于世界平均水平，也高于两国以商业存在模式服务出口占比，此外南非的境外消费模式服务出口占比也显著高于世界平均水平和其他国家；对于商业存在模式服务出口占比，发达国家（英国除外）总体高于金砖国家（中国除外）（见表4.10）。

表4.10　2017年中国与主要国家按供给模式分类的服务出口结构　　单位：%

行业	中国	巴西	印度	俄罗斯	南非	德国	英国	日本	韩国	美国	世界
M1	22.9	35.8	61.3	35.6	44.7	24.5	41.8	21.4	26.2	23.0	28.2
M2	5.0	8.7	10.8	10.4	26.7	3.6	6.8	4.1	4.6	8.4	9.3
M3	68.4	51.4	20.5	49.9	25.7	68.8	46.7	72.4	65.5	66.4	59.4
M4	3.6	4.2	7.3	4.0	2.9	3.0	4.7	2.0	3.7	2.1	3.1

资料来源：根据TISMOS数据库测算。

2. 进口

从供给模式来看，中国服务业进口以商业存在（M3）为主，商业存在模式进口额占总服务进口的比重为60.0%，与世界整体基本持平，跨境交付（M1）、境外消费（M2）和自然人流动（M4）服务出口占比分别为22.0%、16.3%和1.8%，而世界整体相应的占比分别为28.1%、9.4%和2.8%。对比各国服务贸易模式，印度服务进口以跨境交付模式为主，占总出口比重为66.6%，日本通过跨境交付进口的服务占比也显著高于世界平均水平；对于境外消费模式服务进口占总进口的比重，中国、俄罗斯和韩国显著高于其他国家；对于商业存在模式服务进口占总进口的比重，英国、南非和美国显著高于世界平均水平；对于自然人流动服务进口占总进口的比重，俄罗斯、印度和日本相对较高（见表4.11）。

表4.11　2017年中国与主要国家按供给模式分类的服务进口结构　　单位：%

行业	中国	巴西	印度	俄罗斯	南非	德国	英国	日本	韩国	美国	世界
M1	22.0	23.4	66.6	31.2	22.8	24.5	16.9	38.2	28.2	24.0	28.1
M2	16.3	9.0	8.9	16.9	7.0	9.6	5.8	6.3	13.2	6.6	9.4

续表

行业	中国	巴西	印度	俄罗斯	南非	德国	英国	日本	韩国	美国	世界
M3	60.0	64.9	19.8	47.2	69.3	62.6	75.4	51.0	55.2	67.2	59.7
M4	1.8	2.7	4.7	4.6	0.9	3.3	1.8	4.6	3.4	2.1	2.8

资料来源：WTO – TISMOS 数据库。

三　服务增加值贸易进出口结构的国际比较

随着信息通信技术发展及运输成本下降，跨国公司在全球重新布局生产链条，全球生产网络迅速崛起。服务业增加值，尤其是生产性服务业增加值，大量通过下游制造业部门间接出口，服务业增加值出口额远高于服务业出口总额。因此我们进一步以 Aditya W 基于产业部门前向联系的增加值出口测算方法为基准，利用亚洲开发银行多区域投入产出表（ADB – MRIO）从增加值角度分析中国服务贸易出口总量、出口结构及国际竞争力。

在多国模型中，基于产业部门前向联系计算的 s 国从 r 国的增加值出口（VAX_F）的计算公式如下：

$$VAX\_F^{sr} = \sum_{t=1}^{N} \widehat{V^s} B^{st} Y^{tr}$$

其中 $\widehat{V^s}$ 为 s 国增加值系数的对角矩阵；B^{st} 为 $N \cdot N$ 的里昂惕夫逆矩阵，表示 t 国额外生产 1 单位最终产品对 s 国各行业的完全需求量；矩阵 Y^{tr} 为 $N \cdot 1$ 的矩阵，表示 t 国各行业出口到 r 国的最终产品。

参见樊茂清和黄薇（2014）对服务业的分类，我们按照要素密集度将 ADB – MRIO 18 个服务业分为劳动密集型服务业 L（产业 18—22、26、35）、资本密集型服务业 K（产业 17、23—25、27、29）、知识密集型服务业 H（产业 28、30）以及健康、教育和公共服务业 O（产业 31、32、33、34）。

(一) 中国服务增加值进出口结构变化

2000—2018 年服务增加值贸易出口结构发生了较大变化和调整。具体来看：(1) 相比于 2000 年，2018 年中国知识密集型服务和劳动密集型服务在服务增加值出口总额中所占份额分别上升 9.6 个和 4.6 个百分点，资本密集型服务和健康、教育和公共服务增加值出口份额分别下降 12.9 个和 1.4 个百分点。(2) 金融危机前后，中国服务增加值出口结构发生了剧烈变动。资本密集型服务出口份额由上升态势转为下降态势，而劳动密集型出口份额则由下降态势转为上升态势，知识密集型服务出口份额呈持续上升态势。(3) 从 2018 年四类服务占比来看，中国出口依然以劳动密集型服务为主。

相比于出口结构，中国进口结构变化相对较小。2018 年，劳动、资本、知识和健康教育公共服务增加值进口占比依次为 32.1%、25.2%、33.2% 和 9.5%。通过对比服务增加值出口结构和进口结构可以发现，2000—2018 年知识密集型服务增加值出口份额大幅度增加，但仍然低于进口份额；资本密集型服务增加值出口份额则大幅下降，2018 年甚至低于进口份额；而劳动密集型服务出口份额进一步上升，进口份额略微下降；中国服务增加值出口结构发生了根本性变化。

表 4.12　2000—2018 年中国服务增加值进出口结构变化

年份	出口				进口			
	2000	2007	2012	2018	2000	2007	2012	2018
L	0.356	0.310	0.418	0.402	0.331	0.306	0.325	0.321
K	0.366	0.371	0.262	0.237	0.259	0.263	0.260	0.252
H	0.204	0.259	0.270	0.300	0.326	0.352	0.334	0.332
O	0.075	0.061	0.050	0.061	0.084	0.079	0.082	0.095

资料来源：根据 ADB-MRIO 数据库测算。

从中国各类服务增加值出口占世界各类服务增加值出口总额的份额来看，2000—2018年，各类服务增加值出口占比均显著增加。其中，劳动密集型服务所占份额增幅最大，增加了10.2个百分点；资本密集型、知识密集型与健康、教育和公共服务业分别增加了7.8个、7.4个和6.1个百分点。2000年，各类服务增加值出口占世界的份额均小于5%，而2018年，所占份额分别为13.2%、12.1%、9.0%和8.8%（见表4.13）。

表4.13　中国四类服务增加值进出口规模及占世界比重

单位：百万美元,%

	行业	世界出口	世界进口	中国出口	中国进口	出口占比	进口占比
2018年	L	2888104	2888104	381113	217892	0.132	0.075
	K	1851028	1851028	224401	170886	0.121	0.092
	H	3147693	3147693	284640	225849	0.090	0.072
	O	655331	655331	57572	64803	0.088	0.099
2000年	L	886546	886546	26525	23653	0.030	0.027
	K	624925	624925	27266	18515	0.044	0.030
	H	918077	918077	15208	23311	0.017	0.025
	O	208195	208195	5583	6011	0.027	0.029

资料来源：根据ADB-MRIO数据库测算。

（二）服务增加值出口结构的国际比较

2000—2018年，世界整体服务增加值出口结构比较稳定，知识密集型服务增加值出口份额始终居于首位，其次是劳动、资本和健康教育公共服务，2018年占比分别为36.8%、33.8%、21.7%和7.7%。与发达国家（日本除外）相比，中国出口更多的劳动密集型服务，较少的知识密集型服务与健康、教育和公共服务。当前，中国金融、保险、计算机和信息服务、咨询、研发设计等服务国际竞争力仍然较弱，制造业技术知识服务更多依赖进口。

从主要国家服务贸易结构看,发达国家倾向于出口更高比重的技术和资本服务贸易,发展中国家这两种类型贸易占比相对较低(见表4.14)。对比中国、巴西、印度、印度尼西亚、墨西哥、俄罗斯以及土耳其7个发展中国家,可以发现印度和巴西情况比较特殊,出口结构类似于发达国家。2018年,印度和巴西的知识密集型服务增加值出口占比高达41.7%和40.5%,与德国相当。其中,印度软件和信息技术服务业贡献了28.23%,生产和出口规模仅次于美国,是印度国民经济中举足轻重的行业。印度软件业的崛起得益于政府的鼎力支持、良好的教育、产业集聚及企业的倾心投入,也与英语是印度的官方语言之一有关。

表4.14　　2018年世界主要国家服务贸易结构比较

国家	出口 H	出口 K	出口 L	出口 O	进口 H	进口 K	进口 L	进口 O
中国	0.300	0.237	0.402	0.061	0.332	0.252	0.321	0.095
巴西	0.405	0.200	0.348	0.047	0.412	0.207	0.314	0.067
印度	0.417	0.168	0.329	0.087	0.355	0.253	0.305	0.086
印度尼西亚	0.217	0.215	0.486	0.082	0.305	0.252	0.362	0.081
墨西哥	0.302	0.143	0.552	0.004	0.468	0.201	0.266	0.065
俄罗斯	0.115	0.428	0.376	0.082	0.286	0.233	0.415	0.066
土耳其	0.213	0.347	0.412	0.028	0.313	0.252	0.360	0.074
英国	0.513	0.137	0.242	0.109	0.374	0.223	0.299	0.104
美国	0.467	0.172	0.265	0.095	0.431	0.196	0.300	0.073
法国	0.442	0.200	0.276	0.081	0.405	0.214	0.294	0.087
德国	0.401	0.197	0.313	0.089	0.387	0.201	0.323	0.089
日本	0.273	0.223	0.454	0.051	0.314	0.250	0.373	0.063
韩国	0.308	0.237	0.360	0.095	0.383	0.234	0.311	0.071
世界	0.338	0.217	0.368	0.077	0.338	0.217	0.368	0.077

资料来源:根据ADB-MRIO数据库测算。

(三) 中国增加值服务贸易顺差的行业及国家解构

2018年，中国增加值服务贸易顺差总额为0.268万亿美元，而按照总值方式测算的服务贸易呈现逆差，印证了中国作为"世界工厂"深度嵌入全球价值链，通过制造业间接出口大量服务增加值的情况。

从双边来看，中国服务增加值顺差主要来自世界其他地区（ROW）、美国、中国香港、墨西哥、加拿大、印度尼西亚、日本和印度，且主要来自劳动密集型服务行业。中国服务贸易逆差主要来自德国、澳大利亚、韩国、中国台湾、巴西；其中，与德国、澳大利亚和巴西逆差主要来自知识密集型行业，而与韩国、中国台湾逆差主要来自劳动密集型行业（见表4.15）。

表4.15　　　中国增加值服务贸易顺差的行业国家解构

国家/地区	L	K	H	O	顺差
德国	-1.57	-0.55	-2.53	-0.67	-5.32
澳大利亚	-1.29	-1.10	-2.45	-0.41	-5.26
韩国	-2.34	-0.53	0.00	-0.60	-3.47
中国台湾	-1.80	-0.14	-0.03	-0.11	-2.08
巴西	-0.26	-0.16	-1.37	-0.03	-1.82
瑞士	-0.58	-0.11	-0.57	-0.20	-1.48
爱尔兰	0.15	-0.30	-0.91	-0.16	-1.22
巴基斯坦	0.31	0.35	0.43	0.21	1.30
越南	0.11	0.43	0.66	0.17	1.36
土耳其	0.54	0.30	0.69	0.12	1.65
印度	1.31	1.13	1.14	-1.42	2.16
日本	0.74	0.78	0.78	0.20	2.51
印度尼西亚	0.83	0.71	1.08	0.17	2.78
加拿大	0.97	0.76	0.89	0.46	3.06

续表

国家/地区	L	K	H	O	顺差
墨西哥	0.96	0.89	1.00	0.27	3.11
中国香港	6.50	0.54	0.25	0.24	7.52
美国	12.82	6.33	5.44	1.39	25.98
ROW	42.40	9.77	17.79	-1.53	68.44
总计	60.84	19.95	21.91	-2.70	100.00

资料来源：根据 ADB - MRIO 数据库测算。

四 预测

（一）服务贸易影响因素分析

预测未来五年服务贸易如何变化并不是一项简单的任务。传统贸易理论认为技术和要素禀赋是贸易模式的主要决定因素。一个劳动力相对充裕的国家将专业生产和出口劳动密集型货物和服务，在全球价值链背景下从事劳动密集型生产环节。新贸易理论认为一个具有较大规模的经济体很有可能在本国消费最多的货物和服务上形成比较优势并出口此类货物和服务。所以，供给侧的技术和生产要素以及需求侧的偏好和消费模式均是贸易的主要驱动因素。对于货物贸易如此，对于服务贸易也如此。

中国未来五年的服务贸易结构将取决于消费者需求的变化以及比较优势的变化。同时，服务贸易成本、数字技术、人口结构变化、经济增长也会显著影响服务贸易。

1. 服务贸易成本

贸易成本是影响服务贸易的主要因素。按照性质来看，一些壁垒与地理和文化或者制度差异有关，一些则是政策导致的。我们将双边贸易成本分为运输和旅行成本、信息和交易成本、信息和通信技术（ICT）连接、贸易政策和规制差异、治理质量和其他六部分。其中，贸易政策和规制差异包括在市场准入和国民待遇两方面对国外企业具有歧视性的政策措施；信息和交易成本刻画了获得卖方、买方以及不同国家产品信息、了解国外营商环境、保证合同执行以及建立商业网络的困难度；治理质量影响在国外做生意的便利性、透明度、安全性和可预测性；信息和通信技术（ICT）连接刻画了与国外合作伙伴联系和使用网络的便易性，用固定网络、移动电话和宽带覆盖率作为代理变量；运输和旅行成本刻画了货物和服务的运输成本，用地理距离以及运输基础设施的质量作为代理变量。图4.6刻画了不同部分对货物和服务贸易成本的贡献度。

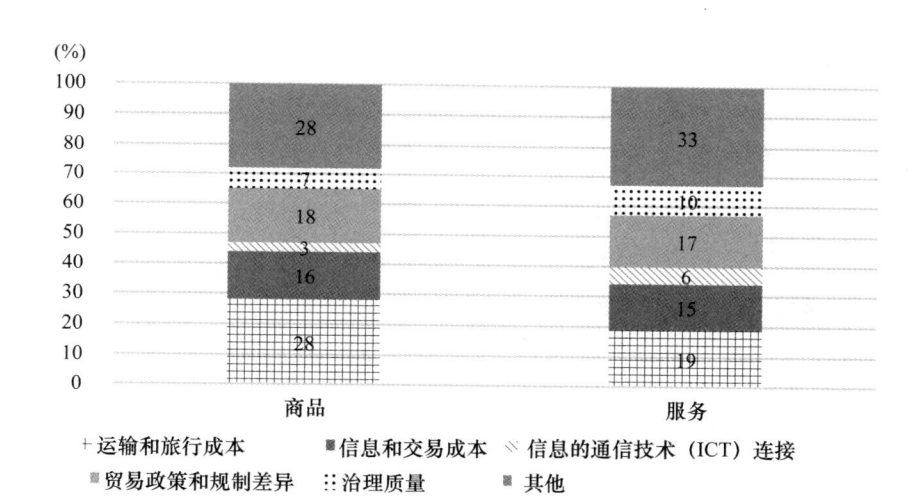

图4.6 解释贸易成本的各因素占比

资料来源：2019年WTO报告。

未来影响服务贸易成本的主要因素包括：技术进步与信息和通信技术连接、政府管制和贸易政策以及高质量的物理和数字基础设施。

数字技术可以降低服务贸易成本，促进跨境服务贸易。数字技术进步使全球服务活动得以编纂、数字化和传送，取消了某些服务部门对物理就近的要求。2005—2017年，信息和通信技术驱动的全球服务跨境贸易从10390亿美元增长至23680亿美元，翻了一番。同时数字技术显著降低了搜寻、匹配、追踪和确认信息的成本，进而降低了贸易的信息和交易成本。

政府管制和服务贸易政策一方面可以克服市场失灵、提高经济效率，另一方面，会引致贸易成本。限制性贸易政策会对服务供应商和消费者产生较高的贸易成本。而经济体之间差异化的国内规制包括管制能力的缺乏会给跨境经营的企业带来额外的成本。根据世界银行2016年服务贸易限制指数，总体来看，法律和审计服务限制程度最高，其次是铁路和航空运输服务，零售批发服务、公路运输服务限制程度相对较低。

基础设施投资可以促进技术进步、降低服务贸易成本。根据WTO的测算，运输和旅行成本占服务贸易总成本的33%。如果没有世界通信基础设施的变革，服务领域的大多数新的商业和技术进步是不可能发生的。促进物理和数字基础设施的投资，开放基础设施相关服务贸易，可以降低服务贸易成本，促进服务贸易。

2. 数字技术

数字技术是服务贸易成本下降的主要驱动因素，并正在改变货物和服务的商业模式和贸易模式。在供给侧，数字化导致进入成本大幅下降，进而市场竞争和技术溢出效应增强。在需求侧，数字化为消费者提供了更多可供消费的服务种类。

数字技术将促进服务贸易大幅增加。除了降低贸易成本，数字技术还通过多种渠道促进服务贸易。第一，随着数字经济发展，传统服务模式让位于新型供给模式。随着贸易成本的下降，原来需要通过商业存在供给的服务现在可以远程跨境交付。例如，远程医疗、远程教育、远程法律咨询，等等。第二，数字技术将创造新的服务贸易，通常用于代替货物贸易。

数字技术使得货物贸易和服务贸易活动的界限变得模糊，数据流动和知识产权保护变得越来越重要。一方面，数字化大幅削减了创建、复制和访问文本、视频和音乐的成本，导致数字下载对物理产品的替代，货物贸易大幅下降。另一方面，平台技术增加了对租赁服务的需求。当前的平台经济类似介于传统的所有权模式与未来的一切皆为服务模式之间的过渡阶段。例如，从购买自行车到购买"共享单车"服务的转变。第三，数字经济具有规模经济和范围经济效应。数字化可以使得企业通过网络在全球获得更多客户，同时便利化外包活动，获得规模经济的好处。基于数字内容的服务分布活动的边际成本几乎为0，相比于传统贸易，更容易适应不断增加的服务需求。

3. 人口结构

由于计划生育政策导致的低生育率以及平均寿命的增加，近年来中国人口老龄化问题开始凸显，劳动力不断萎缩。人口结构的变化将通过改变进口需求水平和结构以及改变比较优势两个方面影响服务贸易。

人口的年龄结构对家户的整体偏好具有显著影响。对美国的研究表明，65岁以上人群（尤其是退休人员）在房地产（29%）、保险服务（22%）和其他服务（17%）上消费更多，相比于25岁以下人群（20%），教育服务支出明显减少（4%）。同时，人口抚养比越高的国家，卫生服务支出比例更高。基于WIOD 40个经济体的研究结果表明，65岁人口数每增加1%，卫生服务支出增加0.29%。

4. 收入水平

收入水平决定了对货物和服务的需求结构以及对服务的需求类型。同时，收入水平的增加带来了生产结构的变化。

第一，随着收入水平的提高，服务支出占总支出比重增加。随着人均收入水平的上升，服务在GDP和就业中所占份额不断增加。研究结果表明，服务需求的平均收入弹性大于1，也就是说,随着人均水平增加,服务消费以更高比例增长。与此相反,货物的平均收入弹性小于1。

第二,随着收入水平的增长,产品的技术密集度和服务密集度提高。在高收入国家,产品使用更多的信息通信技术、商业和专业服务,服务投入占总产出份额约为低收入国家的两倍。对于同一种职业,在不同国家和不同时间,技术含量是不同的。随着国家经济水平的发展,生产和贸易模式发生变化,导致经济生产结构的变化以及对技术需求的变化。

(二) 中国服务贸易结构变化的趋势预测

随着技术的进步[①]以及服务贸易的进一步开放,我们预计正常情况下,未来五年中国服务贸易规模及结构将呈现以下变化。

第一,服务占总产出及贸易的比重将进一步上升。主要原因在于:(1)服务部门生产率增速相对较低,导致服务价格提高,进而占GDP比重上升;(2)随着收入水平的提高,居民对服务的支出比重上升,导致服务在总产出中比重增加。服务在经济中的份额上升对服务贸易具有两个重要影响。首先,由于服务可贸易性低于货物,服务在经济中的比重上升将导致贸易占产出比重下降。其次,服务在经济中的比重上升同时意味着服务在贸易中所占比重上升。

第二,传统服务贸易占比下降,知识技术密集型服务占比上升。随着经济发展和技术进步,作为中间品和生产黏合剂,金融服务、电信服务以及法律、会计、咨询等商业服务在全球价值链中扮演重要角色,所占比重将不断提高。同时数字技术的发展以及收入水平的提高,远程医疗、远程教育、远程咨询

---

① 其中技术变化包括三个趋势:第一,由于数字经济、机器人和人工智能的发展,生产更加资本化;第二,各部门的生产将使用更多的信息和通信技术;第三,数字化导致贸易成本的下降。

服务贸易规模将不断提高。预计未来五年，中国贸易增速最快的服务部门会是信息和通信技术服务，同时数字经济驱动型服务的贸易也会有较快增长。

新冠肺炎疫情在全球暴发，短期内使得世界经济遭受剧烈冲击，国际贸易和投资持续萎缩，全球制造业产出大幅下降，生产性服务业受到拖累。同时，政府采取隔离、禁运禁航等措施，导致运输、物流、旅游、餐饮和住宿等生产生活服务生产和贸易大幅下降。疫情发生之前，IMF预测2020—2024年中国的经济增速分别为6.12%、6%、5.75%、5.6%和5.5%，世界经济增速平均为3.63%。疫情暴发之后，IMF将中国2020年经济增速分别下调至1.2%，并预计2021年反弹至9.2%；而世界经济增长2020年为-3%，2021年为5.8%。我们推测在中长期内，疫情对服务贸易影响较小，主要作用是加速数字经济的发展、推动贸易模式的变革。

五　结论

本章利用WTO-TISMOS数据库和ADB-MRIO数据库从总值和增加值角度分析了中国服务贸易结构及变化，并与世界其他主要经济体进行比较。我们的研究表明。

从总值角度来看，2017年中国服务出口占世界总出口的比重为6.29%，具有比较优势的行业为建筑服务、商业服务和其他服务业，而发达国家在卫生、教育、文娱、金融保险、专利特许和其他个人服务上具有比较优势，中国在这些领域亟待迎头赶上；2017年中国服务进口总额为1.097万亿美元，占世界服务总进口的比重为8.50%，仅低于美国，中国进口占世界比重较高的行业为教育服务、商业服务、旅游服务、运输服务和通信服务；2017年中国服务贸易逆差总额为0.293万亿美元，主要由通信服务、旅游服务、商业服务、运输服务、教育服务和专利特许服务六类服务的贸易逆差引致。

从增加值角度来看，2000—2018年中国服务增加值贸易出口结构发生了较大变化和调整，其中知识密集型和劳动密集型服务增加值出口占比上升，资本密集型以及健康、教育和公共服务增加值出口占比下降；但依然以劳动密集型服务增加值出口为主。与服务总值贸易逆差相反，中国增加值服务贸易为顺差，这主要是由于中国深度嵌入全球价值链，通过制造业间接出口了大量服务增加值。中国服务增加值顺差主要来自美国、中国香港、墨西哥、加拿大、印度尼西亚、日本和印度等世界其他地区，且主要来自劳动密集型服务行业。中国服务贸易逆差主要来自德国、澳大利亚、韩国、中国台湾、巴西；其中，与德国、澳大利亚和巴西逆差主要来自知识密集型行业，而与韩国、中国台湾逆差主要来自劳动密集型行业。

当前逆全球化思潮涌动，受中美经贸摩擦长期化常态化以及疫情冲击的影响，未来全球价值链将呈现区域化、多元化、本土化发展。服务作为中间投入品和生产黏合剂，其贸易结构也将受到影响。加之服务贸易政策、数字技术、收入水平、人口结构等因素的变化，我们预测未来5—10年，中国服务贸易在国别（地区）结构、行业结构上均会发生较大变化。国别（地区）结构上，与价值链升级和区域化同步，中国对北美地区服务出口占比将下降，对欧洲、东亚地区出口比重上升。从行业结构来看，中国劳动密集型和资本密集型服务出口比重下降，同时知识密集型出口比重进一步上升。从双边行业服务贸易结构来看，中国对美国、墨西哥、加拿大、日本等国的劳动密集型服务出口可能大幅下降，而从欧盟、日本和韩国进口知识密集型服务的比重将提高。同时数字经济的发展以及服务规制的融合，可能变革服务贸易模式，以商业存在为主的贸易结构可能被跨境交付替代。

第五章　中国贸易方式结构变化趋势及预测[*]

本章基于 Wind 数据库和中国海关总署数据库对近年来中国贸易方式结构及发展趋势进行了分析和预测。从总体和进出口贸易方式结构变化来看，无论是进口还是出口贸易方式结构均呈现一般贸易占比上升且逐渐成为主要贸易方式，加工贸易增加幅度很小甚至出现下滑的趋势。基于企业性质考察进出口贸易结构变化发现，比起加工贸易出口和进口都以私营企业为主，一般贸易出口以私营企业为主，而一般贸易进口中国有企业、外商投资企业和私营企业都占据了一定比重。基于产品类型考察进出口贸易方式结构变化发现，农产品、机电产品和劳动密集型产品进出口均以一般贸易为主，而高新技术产品进出口则以加工贸易为主。

在分析近年来中国贸易方式结构的变动趋势基础上，本章进一步从供需和贸易方式性质及影响因素两个角度对未来进出口贸易方式结构的发展进行了预测。出口贸易方式结构方面，从中国作为出口贸易的供给方来看，第一，随着劳动力成本的逐步上升，中国依赖劳动力成本优势引进外资发展出口的贸易方式结构发生变化，中国未来会选择进行科技创新提高生产率来形成新的出口优势，发展更高附加值的一般贸易出口；第二，近年来中国提出加工贸易高质量发展，促进外商直接投资规模扩大及结构优

---

[*] 本章作者为王芳（中国社会科学院世界经济与政治研究所博士后）、王楠倩（中国社会科学院大学在读硕士研究生）。

化的贸易政策，中国出口中加工贸易比重仍会上升，且随着中国科学技术发展水平的不断提高，中国加工贸易会逐渐加入全球价值链附加值高、科技含量高的环节，以此提高加工贸易的加工深度。考虑到新冠肺炎疫情和中美经贸摩擦的影响，未来出口贸易中一般贸易和加工贸易的增速都会受到一定的负面影响。进口贸易方式结构方面，加工贸易进口主要服务于加工贸易出口，而一般贸易进口服务于国内经济发展需求，前者易受到国际环境变动的影响，后者依赖于本国资本积累和技术进步。

从国内需求和贸易政策来看，一方面随着中国居民消费水平的提高，进口贸易中一般贸易比重将会上升；另一方面，为了逐步形成"以国内大循环为主体、国内国际双循环相互促进"的新发展格局，国家层面上的政策会多鼓励一般贸易方式进口，提高附加值，这无形中挤压了中国加工贸易进口份额。从国际贸易环境变动的影响来看，中美贸易协议的签订与推进实施，中国产业链升级推进制造业强国以及全球新冠肺炎疫情大流行背景下大宗商品价格下降，未来中国加工贸易进口占比尽管下降，但仍维持稳定增长。

一 贸易方式结构变化

（一）总体贸易方式结构变化

2001—2019 年，中国总体进出口贸易方式结构由加工贸易主导转变为一般贸易主导，且保税物流贸易方式快速扩张（见图 5.1）。其中，一般贸易由 2001 年的 2256.8 亿美元增长至 2019 年的 27000.7 亿美元，平均增速为 60.9%，在同年贸易总额中占比从 44.2% 增至 59.1%；加工贸易由 2415.4 亿美元增至 11532.3 亿美元，平均增速为 21.0%，占比从 47.4% 降至 25.3%；保税物流贸易[①]进出口由 180.2 亿美元增至 5328.0 亿

---

① 其中包括保税仓库进出境货物和海关特殊监管区域物流货物。

美元,平均增速 158.7%,占比从 3.5% 增至 11.7%;其他贸易①由 248.3 亿美元增至 1804.8 亿美元,平均增速 34.8%,占比从 4.9% 降至 4.0%。

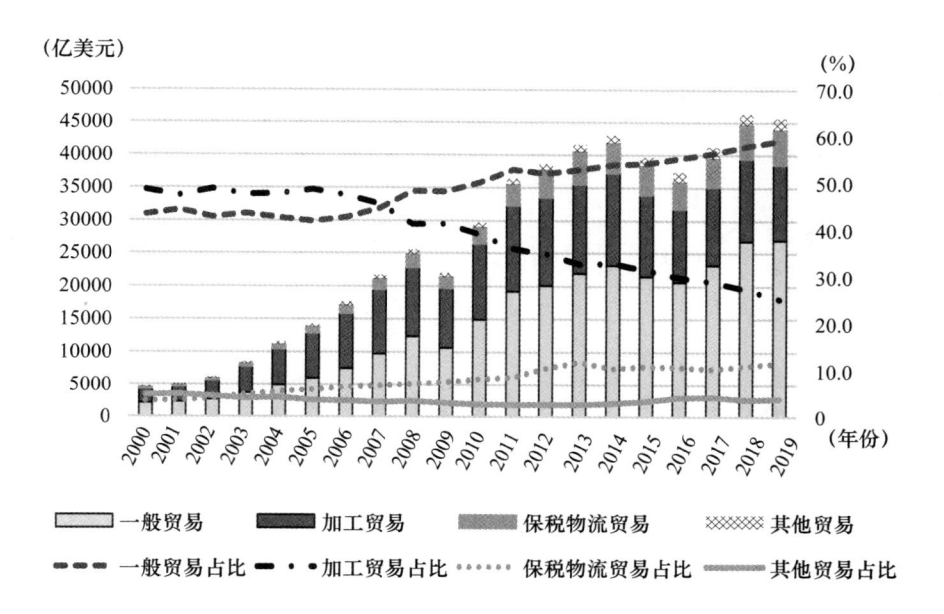

图 5.1 2001—2009 年中国进出口贸易总额中各贸易方式金额和占比
资料来源:Wind 数据库。

从出口方面来看,中国出口贸易方式结构同样由加工贸易主导转变为一般贸易主导(见图 5.2)。其中,一般贸易出口由 2001 年的 1121.8 亿美元增至 2019 年的 14469.1 亿美元,平均增速 66.1%,在同年总出口中占比从 2001 年的 42.1% 增至 2019 年的 57.9%;加工贸易出口由 2001 年的 1475.3 亿美元增至 2019 年的 7358.3 亿美元,平均增速 22.2%,占比从 55.3% 降至 29.5%;保税物流贸易出口由 2001 年的 44.2 亿美元增至 2019 年的 1785.9 亿美元,平均增速 218.8%,占比从 1.7% 增至 7.1%;其他贸易

---

① 其中包括进出口贸易中除一般贸易、加工贸易和保税物流贸易之外的贸易。

出口由 2001 年的 25.1 亿美元增至 2019 年的 1370.8 亿美元，平均增速 297.4%，占比从 0.9% 增至 5.5%。

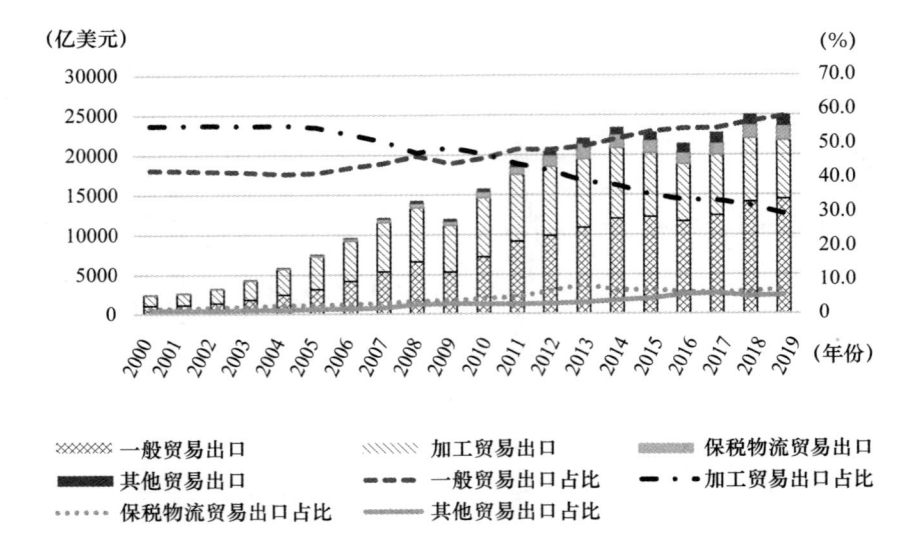

图 5.2　2001—2019 年中国出口贸易中各贸易方式出口金额及其占比
资料来源：Wind 数据库。

从进口方面来说，2001—2019 年中国进口贸易结构由一般贸易和加工贸易并驾齐驱转变为一般贸易主导（见图 5.3）。其中，一般贸易进口由 2001 年的 1135.0 亿美元增至 2019 年的 12531.6 亿美元，年平均增速为 55.8%，在同年进口总额中占比从 46.6% 增至 60.6%；加工贸易进口从 2001 年的 940.1 亿美元增至 2019 年的 4173.9 亿美元，年平均增速为 19.1%，占比从 38.6% 增至 20.2%；保税物流贸易进口从 2001 年的 135.9 亿美元增至 2019 年的 3542.1 亿美元，年平均增速为 139.2%，占比从 5.6% 增至 17.1%，几乎与加工贸易进口占比相当；其他贸易进口从 2001 年的 223.1 亿美元增至 2019 年的 434.0 亿美元，占比从 9.2% 降至 2.1%。

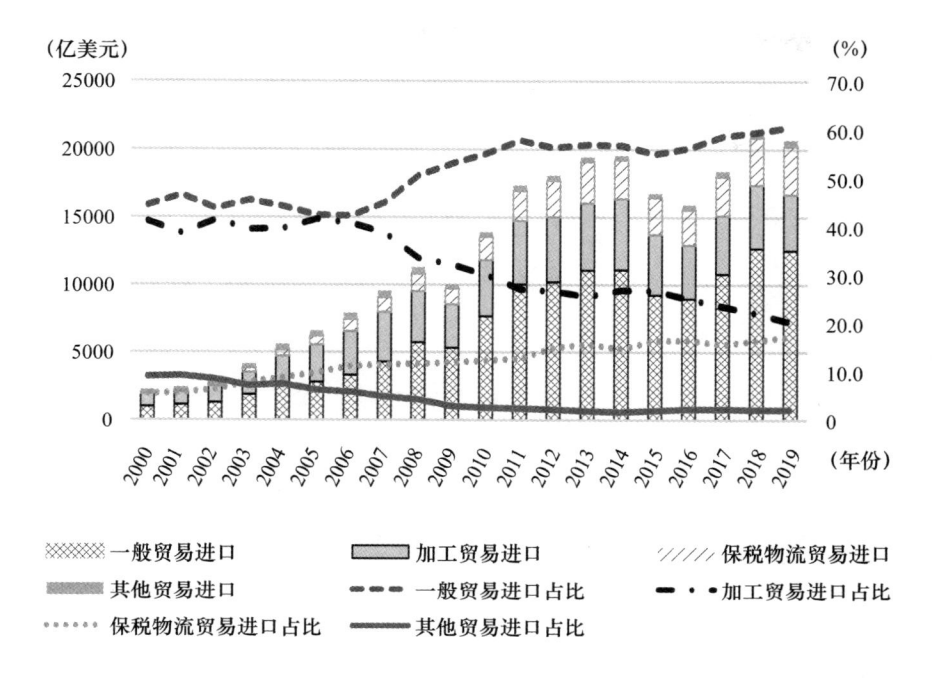

图 5.3 2001—2019 年中国进口贸易中各贸易方式进口金额及其占比
资料来源：Wind 数据库。

从贸易差额来看，中国贸易顺差主要由加工贸易顺差构成，但一般贸易顺差占比在近年来快速提升（见图 5.4）。其中，一般贸易差额由刚加入 WTO 的逆差逐渐转变为顺差并快速上升，但 2008 年以后，一般贸易又转为逆差且快速扩张，自 2012 年其逆差不断收窄并于 2014 年转为顺差，并一直持续至今；加工贸易顺差自加入世贸组织以来一直维持扩张趋势，仅在 2009 年受金融危机影响有所收窄，直至 2012 年达到峰值之后开始逐渐收窄，但仍是中国贸易顺差的主要贡献者；保税物流贸易自 2001 年以来一直是中国贸易逆差的主要来源，并在此期间不断扩张；其他贸易差额则由逆差逐渐转为顺差，并在近几年顺差快速扩大。

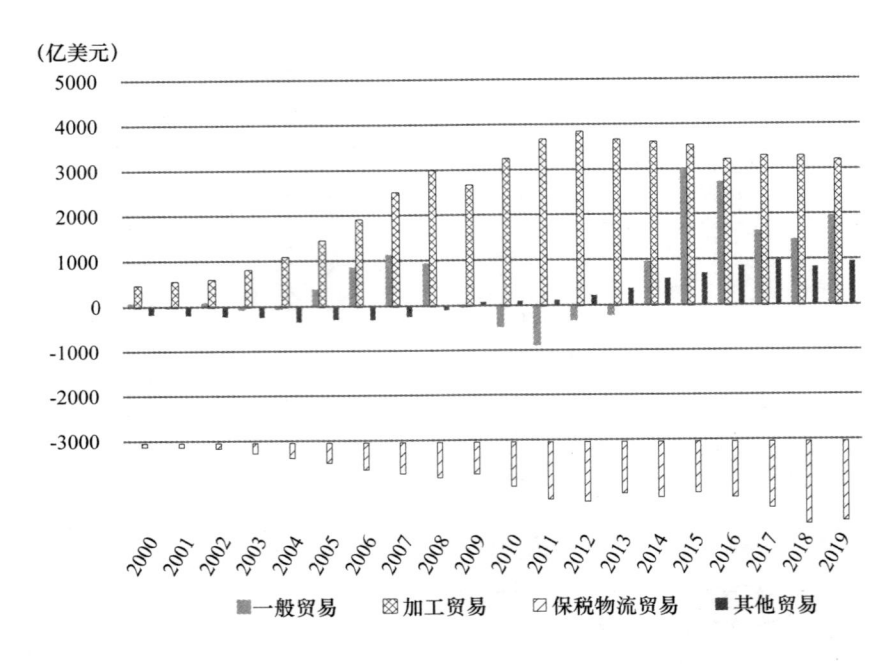

图 5.4 2001—2019 年中国各贸易方式的贸易差额

资料来源：Wind 数据库。

（二）基于企业性质的贸易结构变化

1. 出口贸易方式结构

鉴于数据的可获得性，我们仅能分析 2014—2019 年具有区分企业性质的贸易方式数据。通过对这些数据的分析，我们仍能够观察到以下现象（见表 5.1）。

在一般贸易中，私营企业出口占主导地位，占比逐渐增加。2014—2019 年，私营企业出口在一般贸易出口中的占比持续上升，由 59.6% 升至 65.8%，增加了 6.2 个百分点；此外，国有企业出口占比有下降趋势，由 12.6% 降至 10.2%，下降了 2.4 个百分点；外商投资企业占比也具有下降趋势，由 24.1% 降至 21.0%，下降了 3.1 个百分点；其他企业出口占比也有所下降，占比下降 0.7 个百分点。

在加工贸易中，外商投资企业出口占绝对主导地位，但占比有所下降。2014—2019 年，外商投资企业出口在加工贸易出口中的占比从2015年最高位的83.7%降至80.7%，下降了3个百分点，其中，外商独资企业出口占比从63.3%降至62.9%，下降0.4个百分点，中外合资企业出口占比从19.7%降至17.4%，下降2.3个百分点；此外，国有企业出口占比先增后降，从5.7%降至4.1%，下降了1.6个百分点；私营企业出口在加工贸易中占比先降后升，由11.6%升至14.6%，增加了3个百分点；其他企业出口占比日趋下降，由1.1%降至0.6%。

在保税物流贸易中，国有企业、外商投资企业和私营企业出口形成三足鼎立之势。2014—2019年，国有企业、外商投资企业和私营企业出口各自在保税物流贸易出口中的占比较为均衡，均波动较大且没有明确的变化趋势，其中国有企业占比波动范围为22.2%—30.8%，外商投资企业占比波动范围为36.2%—42.2%，私营企业占比波动范围为28.5%—40.5%。此外，其他企业出口在保税物流区贸易中占比非常小，波动范围为0.8%—1.1%。

在其他贸易中，私营企业占比超过一半。2014—2019年，私营企业出口在其他贸易出口中占比从52.6%增至57.4%，增加4.8个百分点；此外，国有企业占比从21.4%降至18.3%；外商投资企业占比从25.2%降至21.6%，其他企业占比则从0.7%增至2.7%。

表5.1　　　　2014—2019年中国出口贸易中各贸易方式中
企业类型占比变化　　　　　单位：%

企业性质	年份	出口总值	一般贸易	加工贸易	保税物流贸易	其他贸易
国有企业	2014	10.9	12.6	5.7	22.2	21.4
	2015	10.7	11.7	5.9	22.3	20.1
	2016	10.3	10.9	6.2	24.9	18.8
	2017	10.2	10.8	5.7	28.4	20.3
	2018	10.3	11.1	4.3	30.8	23.3
	2019	9.4	10.2	4.1	24.7	18.3

续表

企业性质	年份	出口总值	一般贸易	加工贸易	保税物流贸易	其他贸易
外商投资企业	2014	45.9	24.1	81.5	38.9	25.2
	2015	44.2	22.9	83.7	36.2	22.3
	2016	43.7	23.5	83.0	41.9	22.5
	2017	43.2	23.2	83.3	42.2	22.0
	2018	41.7	22.6	82.0	39.7	22.8
	2019	38.7	21.0	80.7	38.2	21.6
私营企业	2014	40.8	59.6	11.6	38.0	52.6
	2015	42.8	61.5	9.7	40.5	56.8
	2016	43.6	61.8	10.0	32.0	57.1
	2017	44.4	62.6	10.4	28.5	56.6
	2018	45.9	63.0	13.1	28.6	53.0
	2019	49.7	65.8	14.6	36.4	57.4
其他企业	2014	2.4	3.7	1.1	0.9	0.7
	2015	2.4	3.8	0.7	0.9	0.8
	2016	2.4	3.7	0.7	1.1	1.3
	2017	2.2	3.5	0.6	1.0	1.1
	2018	2.2	3.3	0.6	0.9	0.9
	2019	2.2	3.0	0.6	0.8	2.7

资料来源：海关总署。

2. 进口贸易方式结构

在一般贸易中，国有企业、外商投资企业和私营企业进口形成三足鼎立之势，其中私营企业进口占比持续上升（见表5.2）。2014—2019年，国有企业进口在一般贸易进口中占比先降后升，由34.7%升至34.8%，增加了0.1个百分点；外商投资企业进口占比先升后降，由33.6%降至31.5%，下降了2.1个百分点；私营企业占比持续上升，由24.9%增至31.4%，增加了6.5个百分点；其他企业进口占比由6.8%降至2.2%，下降了4.6个百分点。

表5.2　　2014—2019年中国进口贸易中各贸易方式中企业
类型占比变化　　　　　　　单位：%

企业性质	年份	总值	一般贸易	加工贸易	保税物流贸易	其他贸易
国有企业	2014	25.1	34.7	7.9	19.4	19.7
	2015	24.2	34.4	8.1	17.2	17.5
	2016	22.7	31.0	8.5	18.1	16.7
	2017	23.8	31.9	7.6	19.8	18.2
	2018	25.6	34.6	5.9	21.5	20.0
	2019	25.8	34.8	6.9	18.2	17.4
外商投资企业	2014	46.4	33.6	75.6	41.7	43.0
	2015	49.3	36.7	81.1	41.3	41.4
	2016	48.5	37.1	80.9	40.7	39.8
	2017	46.8	35.7	81.3	38.5	38.1
	2018	43.6	32.7	80.1	35.2	35.5
	2019	41.3	31.5	77.3	34.1	34.6
私营企业	2014	22.8	24.9	10.2	37.6	36.1
	2015	24.5	26.7	10.4	40.6	37.9
	2016	26.3	29.5	10.3	40.5	38.4
	2017	27.2	30.1	10.7	41.2	39.7
	2018	28.6	30.4	13.6	42.8	41.1
	2019	30.7	31.4	15.5	47.1	44.1
其他企业	2014	5.7	6.8	6.3	1.3	1.2
	2015	1.9	2.2	0.4	0.9	3.3
	2016	2.4	2.4	0.4	0.7	5.0
	2017	2.2	2.4	0.4	0.5	4.0
	2018	2.1	2.3	0.3	0.5	3.4
	2019	2.2	2.2	0.3	0.5	3.8

资料来源：海关总署。

在加工贸易中，外商投资企业进口占绝对主导地位，私营企业进口占比持续上升。2014—2019年，外商投资企业进口在加工贸易进口中占比稍有提升，从75.6%升至77.3%，增加了1.7个百分点，其中外商独资企业进口在加工贸易进口中占比先升后降，维持在60%左右，中外合资企业占比从19.7%降至17.6%，下降了2.1个百分点；此外，国有企业进口占比稍有下降，从7.9%降至6.9%，下降了1.0个百分点；私营企业进口占比持续上升，由10.2%升至15.5%，增加了5.3个百分点；其他企业进口占比大幅下降，由6.3%降至0.3%。

在保税物流贸易中，外商投资企业和私营企业进口占主导地位，且私营企业进口占比大幅提高。2014—2019年，外商投资企业进口在保税物流贸易进口中占比持续下降，从41.7%降至34.1%，减少7.6个百分点；私营企业进口占比持续上升，由37.6%升至47.1%，增加了9.5个百分点；此外，国有企业进口占比稍有下降，从19.4%降至18.2%，下降了1.2个百分点；其他企业出口占比进一步下滑，由1.3%降至0.5%。

在其他贸易中，外商投资企业和私营企业进口占主导地位。2014—2019年，外商投资企业进口在其他贸易进口中占比持续下滑，从43.0%降至34.6%；私营企业占比持续上升，从36.1%升至44.1%；此外，国有企业占比从19.7%降至17.4%，其他企业占比则从1.2%增至3.8%。

（三）基于产品类型的贸易结构变化

1. 主要类型产品出口贸易方式结构

从表5.3可以看出：当前中国农产品的出口主要以一般贸易为主。其中，农产品一般贸易出口在农产品总出口中占比83.3%，而加工贸易出口占比为11.5%，保税物流贸易出口占比为2.2%，其他贸易出口占比为3.0%。

机电产品出口则为一般贸易和加工贸易并重。其中，机电产品一般贸易出口在机电产品总出口中所占比重为45.9%，加工贸易出口占比为41.3%，此外保税物流贸易出口占9.1%，其他贸易出口占3.7%。

高新技术产品出口中加工贸易占主导地位。其中，高新技术产品加工贸易出口在高级技术产品总出口中所占比重为56.8%，此外一般贸易出口占比为28.7%，保税物流贸易出口所占比重为13.7%，其他贸易出口占比为0.8%。

文化产品出口中一般贸易占比超过一半。其中，文化产品一般贸易出口在文化产品总出口中占比为50.4%，此外加工贸易出口占比33.5%，保税物流贸易出口占比5.4%，其他贸易出口占比为10.6%。

劳动密集型产品出口则以一般贸易为主。其中，劳动密集型产品一般贸易出口在劳动密集型产品总出口中占比为76.6%，此外加工贸易占比为9.5%，保税物流贸易占比3.4%，其他贸易占比10.5%。

表5.3　　2019年中国出口主要类型产品的贸易方式结构

贸易方式	农产品 金额（亿美元）	占比（%）	机电产品 金额（亿美元）	占比（%）	高新技术产品 金额（亿美元）	占比（%）	文化产品 金额（亿美元）	占比（%）	劳动密集型产品 金额（亿美元）	占比（%）
一般贸易	654.2	83.3	6703.7	45.9	2098.9	28.7	503.3	50.4	3927.1	76.6
加工贸易	90.6	11.5	6025.8	41.3	4149.9	56.8	335.1	33.5	488.5	9.5
保税物流贸易	16.9	2.2	1317.6	9.1	1003.8	13.7	54.2	5.4	172.8	3.4
其他贸易	23.9	3.0	543.1	3.7	54.9	0.8	106.3	10.6	541.2	10.5

资料来源：海关总署。

为了进一步了解中国出口贸易方式结构中的产品结构，我们对2019年各主要类型产品的各类贸易方式出口额与各类贸易方式出口总额进行了比较（见表5.4），发现：

在一般贸易出口中，机电产品和劳动密集型产品占据重要地位。其中机电产品的一般贸易出口在一般贸易总出口中占比46.3%，几乎占了一般贸易出口的半壁江山；劳动密集型产品所占比重为27.1%，接近一般贸易的三分之一；而高新技术产品所占比重为14.5%，农产品和文化产品所占比重则分别为4.5%和3.5%。

在加工贸易出口中，机电产品和高新技术产品占据绝对主导地位。其中，机电产品加工贸易出口在加工贸易总出口中占比81.9%，高新技术产品占比为56.4%，均超过50%；而劳动密集型产品、文化产品和农产品占比分别为6.6%、4.6%和1.2%，在加工贸易出口中占比不超过10%。

在保税物流贸易出口中，机电产品和高新技术产品同样占据绝对主导地位。其中，机电产品保税物流贸易出口在整体保税物流贸易出口中占比73.8%，高新技术产品占比为56.2%；而劳动密集型产品、文化产品和农产品占比分别为9.7%、3.0%和0.9%。

在其他贸易出口中，机电产品和劳动密集型产品所占比重较大。其中，机电产品和劳动密集型产品其他贸易出口在总体其他贸易出口中所占比重分别为39.6%和39.5%，均接近四成；而文化产品、高新技术产品和农产品占比则分别为7.8%、4.0%和1.7%。

表5.4　　2019年中国主要类型产品各贸易方式出口额及其在各贸易方式中占比

贸易方式	农产品 金额（亿美元）	农产品 占比（%）	机电产品 金额（亿美元）	机电产品 占比（%）	高新技术产品 金额（亿美元）	高新技术产品 占比（%）	文化产品 金额（亿美元）	文化产品 占比（%）	劳动密集型产品 金额（亿美元）	劳动密集型产品 占比（%）
一般贸易	654.2	4.5	6703.7	46.3	2098.9	14.5	503.3	3.5	3927.1	27.1
加工贸易	90.6	1.2	6025.8	81.9	4149.9	56.4	335.1	4.6	488.5	6.6

续表

贸易方式	农产品 金额（亿美元）	农产品 占比（%）	机电产品 金额（亿美元）	机电产品 占比（%）	高新技术产品 金额（亿美元）	高新技术产品 占比（%）	文化产品 金额（亿美元）	文化产品 占比（%）	劳动密集型产品 金额（亿美元）	劳动密集型产品 占比（%）
保税物流贸易	16.9	0.9	1317.6	73.8	1003.8	56.2	54.2	3.0	172.8	9.7
其他贸易	23.9	1.7	543.1	39.6	54.9	4.0	106.3	7.8	541.2	39.5

资料来源：海关总署。

2. 主要类型产品进口贸易方式结构

从2019年中国进口的主要类型产品中各贸易方式的金额和占比（见表5.5）可以看出：

当前中国农产品的进口主要以一般贸易为主，农产品一般贸易进口占农产品总进口的85.5%，而保税物流贸易进口占比为9.3%，加工贸易进口占比为4.4%，其他贸易进口占比为0.8%。

机电产品进口则以一般贸易为主，加工贸易和保税物流贸易为辅，其中一般贸易在机电产品总进口中所占比重为43.2%，加工贸易占比为33.2%，此外保税物流贸易进口占21.4%，其他贸易进口占2.3%。

高新技术产品进口中加工贸易、一般贸易和保税物流贸易形成鼎足之势。其中，一般贸易进口在高进技术产品总进口中所占比重为33.1%，加工贸易占比为38.5%，保税物流贸易进口所占比重为26.0%，其他贸易进口占比为2.4%。

文化产品进口中一般贸易占比超过一半，占比为54.9%，此外加工贸易进口占比18.9%，保税物流贸易进口占比25.2%，其他贸易进口占比为1.0%。

大宗商品进口则以一般贸易为主，占比为81.8%，此外加工贸易占比为6.3%，保税物流贸易占比11.0%，其他贸易占比0.9%。

表5.5　2019年中国进口主要类型产品的贸易方式进口额及占比

贸易方式	农产品 金额（亿美元）	占比（%）	机电产品 金额（亿美元）	占比（%）	高新技术产品 金额（亿美元）	占比（%）	文化产品 金额（亿美元）	占比（%）	大宗商品 金额（亿美元）	占比（%）
一般贸易	1275.2	85.5	3918.7	43.2	2110.8	33.1	62.8	54.9	4088.4	81.8
加工贸易	65.1	4.4	3009.6	33.2	2453.8	38.5	21.6	18.9	315.1	6.3
保税物流贸易	139.2	9.3	1939.0	21.4	1657.0	26.0	28.8	25.2	549.4	11.0
其他贸易	11.5	0.8	208.3	2.3	154.9	2.4	1.1	1.0	45.8	0.9

资料来源：海关总署。

为了进一步了解中国进口贸易方式结构中的产品结构，我们对2019年各主要类型产品的各类贸易方式进口额与各类贸易方式进口总额进行了比较（见表5.6）。

在一般贸易进口中，机电产品和大宗商品占据重要地位。其中机电产品的一般贸易进口在一般贸易总进口中占比31.3%，大宗商品进口所占比重为32.6%，均接近一般贸易进口的1/3；而高新技术产品所占比重为16.8%，农产品所占比重为10.2%，文化产品所占比重为0.5%。

在加工贸易进口中，机电产品和高新技术产品占据绝对主导地位。其中，机电产品加工贸易进口在加工贸易总进口中占比72.1%，高新技术产品占比为58.8%；而大宗商品、农产品和文化产品占比分别为7.5%、1.6%和0.5%。

在保税物流贸易进口中，机电产品和高新技术产品同样占据主导地位。其中，机电产品保税物流贸易进口在整体保税物流贸易进口中占比54.7%，高新技术产品占比为46.8%；而大宗商品、农产品和文化产品占比分别为15.5%、3.9%

和0.8%。

在其他贸易进口中，机电产品和高新技术产品所占比重较大。其中，机电产品和高新技术产品在其他贸易进口中所占比重分别为48.0%和35.7%；而大宗商品、农产品和文化产品占比则分别为10.6%、2.7%和0.3%。

表5.6　2019年中国主要类型产品各贸易方式进口额及其在各贸易方式中占比

贸易方式	农产品 金额（亿美元）	农产品 占比（%）	机电产品 金额（亿美元）	机电产品 占比（%）	高新技术产品 金额（亿美元）	高新技术产品 占比（%）	文化产品 金额（亿美元）	文化产品 占比（%）	大宗商品 金额（亿美元）	大宗商品 占比（%）
一般贸易	1275.2	10.2	3918.7	31.3	2110.8	16.8	62.8	0.5	4088.4	32.6
加工贸易	65.1	1.6	3009.6	72.1	2453.8	58.8	21.6	0.5	315.1	7.5
保税物流贸易	139.2	3.9	1939.0	54.7	1657.0	46.8	28.8	0.8	549.4	15.5
其他贸易	11.5	2.7	208.3	48.0	154.9	35.7	1.1	0.3	45.8	10.6

资料来源：海关总署。

综上所述，自2001年中国加入世界贸易组织以来，中国出口贸易方式结构从以加工贸易为主转变为以一般贸易为主。从企业类型来看，一般贸易出口以私营企业为主，加工贸易出口以外商投资企业为主，而保税物流贸易出口则国有企业、外商投资企业和私营企业并重。从产品类型来看，农产品和劳动密集型产品出口均以一般贸易为主，机电产品和文化产品出口中一般贸易也均占主导地位，高新技术产品出口则以加工贸易为主。

而中国进口贸易方式结构则从加工贸易和一般贸易并重转变为以一般贸易主导。从企业类型来看，一般贸易进口中国有企业、外商投资企业和私营企业形成鼎足之势,加工贸易进口以外商投资企业为主,保税物流贸易进口则外商投资企业和私营企业并重,其中私营企业在所有贸易方式进口中所占比重均持续上升。从产品类型来看,农产品、大宗商品和文化产品进口均以一般贸易为主,机电产品进口中一般贸易占主导地位,而加工贸易和保税物流贸易次之,高级技术产品进口则加工贸易占主导地位,而一般贸易和保税物流贸易次之。

二 贸易方式结构变化趋势展望

(一) 出口贸易方式结构展望

中国采用的贸易方式主要分为两种,第一是一般贸易,它是指中国拥有进口和出口运营权的公司利用本国的资源和技术生产产品进行进口或者出口交易的贸易方式。第二是加工贸易(包括进料加工贸易出口和来料加工贸易出口),是境内出口商利用本国的劳动力资源将自己进口或进口商提供的原料、材料或零件加工装配成工业制成品后再出口至国外以获得外汇附加值的贸易方式。根据上文分析可知,2001年以来中国对出口产品结构做出了优化,对外出口产品从以劳动密集型产品为主发展成为以机电产品等资本密集型产品为主,因此可以认为中国产业结构的变化对出口贸易方式结构的变动产生了主要影响。近年来一般贸易成为中国对外贸易出口的主要贸易方式且占比呈现平稳增长的趋势,但加工贸易增加幅度很小甚至出现下滑趋势。

从中国作为出口贸易的供给方来看,造成中国出口贸易结构变动的可能原因可以从两方面进行分析。第一,随着全球经济一体化的发展,中国原先的生产成本优势逐渐丧失,一些加工制造业逐渐转移到生产成本更低的国家;第二,中国处于促进贸易高质量发展的关键期,因此积极参与全球价值链中高技术产业的加工和制造环节，但由于科技发展水平有限仍然处于低端，技术附加值低。主要可以细分为以下三个因素。

1. 劳动力成本

2001年以来，中国城镇劳动力工资和农民工工资持续上升，尤其是2008年国际金融危机以来，劳动力工资急剧上涨。从中国国家统计局2020年公布数据可知，2019年全国城镇非私营单位就业人员年平均工资为90501元，比上年增加8088元，增长9.8%，增速比2018年回落1.1个百分点；全国城镇私营单位就业人员年平均工资为53604元，比上年增加4029元，增长8.1%，增速比2018年回落0.2个百分点。由于一般贸易出口中主要包括机电产品和劳动密集型产品，加工贸易出口产品主要包括机电产品和高新技术产品，要素成本（特别是劳动力成本）对加工贸易的影响与跨国投资与国际生产体系有着密不可分的联系。一方面，劳动力成本上升削弱了中国在劳动密集型产品加工装配环节的比较优势，负面影响显著。另一方面，部分国家对中国加工贸易的需求容易被和中国资源禀赋、比较优势相近的国家所替代。因此，随着劳动力成本的逐步上升，中国依赖劳动力成本优势引进外资发展出口的贸易方式结构发生变化，中国未来会选择进行科技创新提高生产率来形成新的出口优势，发展附加值更高的一般贸易出口。

2. 外商直接投资规模和结构

在全球经济增长放缓、跨国投资低迷、国际环境不确定性增加及各国引资竞争加剧的背景下，中国吸引外资规模继续扩大且吸引外资结构和质量逐渐优化。根据商务部外国投资管理司统计，2019年中国新设立外商投资企业约4.1万家，吸引外资1381.4亿美元，增长2.4%。服务业吸收外资6817.7亿元，增长12.5%，其中，信息传输、软件和信息技术服务，租赁和商业服务业吸收外资分别增长29.4%和20.6%。制造业中，医药制造业、电器机械和器材制造业、仪器仪表制造业外资分别增长 61.3%、41.2% 和 48.2%。由前面分析可知，外资企业在对外贸易中主要采取了加工贸易（特别是进料加工）的贸易方式，因为外资企业可以通过进口低价的原料和部件，利用中国廉价的劳动力加工制造产品再向外国高价售出以获取利润。加工贸易附加值低，比重过高不利于中国资金的积累，也不利于中国国家竞争力的培育。因此近年来，中国提出促进加工贸易高质量发展，使中国加工贸易加入全球价值链附加值高、科技含量高的环节，以此提高加工贸易的加工深度。因此，外商直接投资规模扩大及其结构优化，会在很大程度上使中国加工贸易比重上升且提高中国加工贸易的深度，从而维持中国在劳动密集型产品上的国家竞争力。

3. 科学技术发展水平和潜力

在创新驱动发展战略的引导下，中国的科技投入和产出大幅增加，但是研发（R&D）产出质量和效率还有很大发展空间。2019 年，中国研发经费支出规模达到 22143.6 亿元，科研经费总量仅次于美国，研发经费投入强度为 2.23%，比 2017 年增长 0.07%，但仍然远低于科技发达国家 2.5%—4.5% 的研发经费投入强度水平。中国专利申请总数居世界首位，2019 年中国专利申请总数达到 140.1 万件，授权 45.3 万件，但中国在国外专利局申请的专利数量所占比重比较小，PCT（Patent Cooperation Treaty）专利申请受理量仅为 5.9 万件。这表明中国的专利在国际之间的流动还很有限，竞争力和影响力相对较弱。中国科技论文总量居世界第二，但科技论文的影响力与质量并不高，2017 年篇均被引量仅为 10.92 次，低于世界平均水平的篇均被引量 12.68 次。

贸易方式结构的变化，即一般贸易和加工贸易的比重变化相当程度上反映了制造业生产技术与方式的转型升级（Manova and Zhihong Yu, 2013）。总体而言，未来中国出口贸易中加工贸易和一般贸易均将继续发展，但一般贸易的增长速度快于加工贸易，出口贸易方式结构由加工贸易主导转变为一般贸易主导，而一般贸易在很大程度上受到本国科技水平即对本国资源的利用率的影响。随着中国外贸企业在规模、技术和贸易经验方面的提升以及自主开拓国际市场能力的增强，未来中国出口贸易结构中一般贸易仍旧是主要贸易方式。从产品类型来看，农产品、劳动密集型产品、机电产品和文化产品等出口均以一般贸易为主，高新技术产品出口则以加工贸易为主，可见中国农产品、劳动密集型产品、机电产品和文化产品出口技术含量增加，而中国高新技术产品出口仍然获利很小，这类产品的生产仍然需要依赖国外技术或者从国外进口关键零部件，还有很大的发展空间，这也是中国加工贸易出口的发展空间。

经济逆全球化、中美经贸摩擦、新冠肺炎疫情等也给中国出口贸易带来了极大的挑战，接下来从中国作为出口贸易的被需求方来分析造成中国出口贸易结构变动的可能原因。

4. 新冠肺炎疫情

一方面，因为新冠肺炎疫情的冲击，2020年全球经济增长率预期不断下调，全球经济增长率的下滑必然会带来境外疫情国对华进口的减少即对中国出口需求端产生的负面冲击。同时，新冠肺炎疫情导致美国、欧盟、日本等发达经济体的价值链运转停滞，导致中国在全球产业链上的加工消费品失去市场需求。根据中国海关总署统计，受新冠肺炎疫情的冲击，2020年1—2月中国劳动密集型产品出口下降显著。但疫情造成的隔离、封锁政策，使得大规模远程办公、视频会议、远程沟通成为趋势，这也造成了各国对信息科技的巨大需求。随着未来对信息产业等高科技产业的研发投入力度的加大，出口贸易结构中一般贸易增速仍旧会超过加工贸易成为带动出口的主要力量。

但是另一方面，疫情造成全球范围内对医疗用品的巨大需求，尤其是美欧等发达经济体的服务业比重高、制造业比重低，导致无法满足扩大产能的需要。而2020年3月之后中国出口随着国内疫情的控制和复工复产进度的加快而逐步回升，为满足疫情防控需要，中国口罩、防护服、消毒液等医疗防护用品以及医药制品行业快速发展，成为外国大量资金的投资首选。从外部需求来看，2020年上半年出口贸易增长贡献最大的为新冠肺炎防疫用品，中国出口一般贸易又有所回升。

5. 中美经贸摩擦的影响

2018年以来，美国采取单边主义措施，对中国进口商品加征关税，导致中美之间经贸摩擦不断升级，从美国对中国的加税清单来看，征税产品中机电类产品占比高达74.33%，而在中国机电产品的出口市场分布中，美国是中国机电产品的主要出口国之一。由前文分析可知机电产品在中国一般贸易和加工贸易出口中分别占了重要部分和绝对主导地位，近些年来加工贸易出口所占总出口的比重逐步下降，一般贸易方式则逐步上升，其主要原因如下。其一，劳动力成本逐渐增加，劳动力的比较优势减少，从而一定程度上影响了机电产品的市场竞争力。其二，近年政府供给侧结构性改革的重大战略决策强调通过创新驱动，推动产业和经济发展。越来越多的企业支持创新型产品的研发，对美机电产品一般贸易增速明显，而加工贸易出口虽然总量增加但增速放缓。因此，美国对从中国进口机电产品加征关税，对从事机电产品加工贸易或者一般贸易的企业采取限制零部件出口或技术封锁，以及由于中美经贸摩擦导致美元兑人民币汇率上升等因素都会使中国出口贸易方式结构中加工贸易和一般贸易比重有所下降，尤其是加工贸易。

（二）进口贸易方式结构展望

上文分析可知，近年来中国进口贸易方式结构从加工贸易和一般贸易并重转变为以一般贸易主导，造成这一现象的原因可能与贸易方式本身性质相关。不同于出口贸易，一般贸易进口和加工贸易进口从目的上就存在显著的区别，各自的影响因素也有很大的区别。加工贸易进口主要服务于加工贸易出口，是为了弥补国内原材料、零配件的不足，其易受到国际环境变动的影响，波动性较大。而一般贸易进口是为国内经济发展和人民消费需求服务的，可以真正反映国内对资源、技术设备和消费的需求，进口国内短缺的生产要素能够通过更好地利用富裕要素提高全要素的生产率，以便扩大国内供给能力，促进经济增长，也可满足国内消费者的各种需求，进而提高其生活水平与福利。因此一般贸易进口不易受国际环境变动的影响，因此稳定性高、持续性强，但是一般贸易进口依赖于本国资本积累。因此，下文从国内需求、贸易政策和国际贸易环境三个方面对中国进口贸易方式结构的变动进行分析。

1. **贸易政策**

2020年5月14日，在中共中央政治局常务委员会会议上习近平总书记指出，"要深化供给侧结构性改革，充分发挥我国超大规模市场优势和内需潜力，构建国内国际双循环相互促进的新发展格局"。5月23日，习近平总书记又在看望参加全国政协十三届三次会议的经济界别委员时指出，"面向未来，我们要把满足国内需求作为发展的出发点和落脚点，加快构建完整的内需体系，大力推进科技创新及其他各方面创新，加快推进数字经济、智能制造、生命健康、新材料等战略性新兴产业，形成更多新的增长点、增长极，着力打通生产、分配、流通、消费各个环节，逐步形成以国内大循环为主体、国内国际双循环相互促进的新发展格局，培育新形势下我国参与国际合作和竞争新优势"。具体可以分为以下几个措施，第一是通过改善居民收入水平和消费结构来扩大内需。鉴于中国加工贸易主要集中在劳动密集型产业，对劳动技能要求低，所以很难带动人均收入的增加。同时中国居民消费结构不断升级，服务消费将近一半，信息消费快速增长，因此为了实现扩大内部需求的目的，未来中国会继续提高加工贸易进口的层次，大力发展一般贸易进口，加强其对进口技术的吸收，另一方面居民消费水平和消费能力显著改善，有利于以消费为主导的内需结构的基本形成，因此进口贸易中一般贸易比重将会上升。

第二个措施是提高贸易便利化水平，改善外贸企业贸易环境，引资引技引智，继续对外开放。前文分析可知，加工贸易进口的主体是外商投资企业，一般贸易进口的主体有国有企业、外商投资企业和私营企业三种企业，因此中国继续推进鼓励外资企业政策有利于加工贸易进口和一般贸易进口的增长，特别是前者。但是国家层面上的政策多鼓励一般贸易方式进口，提高附加值，这无形中挤压了中国加工贸易进口份额。

2. 国际贸易环境

根据前文分析可知，相比一般贸易进口，加工贸易进口更容易受到国际贸易环境的影响，所以我们主要从产业链转移和升级、中美贸易协议签订以及全球新冠肺炎疫情流行三个方面展望加工贸易进口比重的变化。第一，2020年1月15日中美经贸磋商取得积极成果，双方签订第一阶段经贸协议。在当前全球贸易疲弱、经济下行压力持续背景下，经贸协议签订有助于修补割裂的全球贸易和经贸关系，有利于内外需提振，稳定中国经济和全球市场预期和信心，如果中美贸易协议得到实施，美国对中国机电等产品的进口需求会促进中国加工贸易的发展。

第二，产业链的转移和升级。从产业链转移角度来看，在中美战略博弈加剧和全球新冠肺炎疫情蔓延的背景下，安倍政府推出促进日本供应链（零部件与材料的采购及供应网）生产据点重返国内的补助金制度，美国试图构建产业链"去中国化"联盟和封锁中国高新科技产业发展的联盟，对中国而言，全球产业链转移与"去中国化"风险亦随之加大。一方面，部分国家对中国加工贸易的需求容易被和中国资源禀赋、比较优势相近的国家所替代；另一方面，美国扩大对中国出口限制，特别是核心零部件和技术的断供，使得中国进口贸易中加工贸易占比下降。从产业链升级角度来看，在新冠肺炎疫情冲击和国内外经济环境变化的背景下，需要对中国经济优势和供需结构进行再定位，通过构建国内国际双循环新贸易格局来促进产业链升级，由此提高中国产业链的风险竞争力。一是服务业占比迅速扩张，知识、技术和信息之类的"软要素"在产业结构升级优化过程中发挥着更为主导性的作用；二是促进横向水平和纵向垂直产业链集群发展，并且通过前沿的技术和生产设备、先进的管理手段等方式，提升制造业的科技含量，由此提高资源配置效率，降低外国供应链断裂所造成的风险，吸引高端制造业，实现制造业强国战略。在未来外贸发展中，中国可能通过进口来反向助推一般贸易产品出口，进一步提升一般贸易出口份额，同时为了使得加工贸易加入更深的生产链。对食物、原材料、金属矿石和能源等初级品以及高技术的进口需求不断放大。世界银行报告指出，新冠肺炎疫情大流行造成的全球经济冲击将导致2020年多数大宗商品价格大幅下跌。能源和金属类大宗商品受全球经济严重放缓影响最大，包括石油在内的大宗商品出现了创纪录的最大降幅，这一变化有利于中国一般贸易进口的发展。

第六章 中国贸易结构的发展趋势及政策建议*

前文的研究中，我们分别对2001—2019年中国货物贸易和服务贸易的国别（地区）结构、货物结构和方式结构的变动趋势和未来走向进行了深入分析，得出如下结论：

从货物贸易的国别（地区）结构看，主要体现为以下几个特点：第一，随着"一带一路"建设的顺利推进，中国与"一带一路"沿线国家的贸易潜力得到进一步释放。"一带一路"沿线国家在中国外贸总额中的占比由16.9%上升至2019年的29.5%。特别是在中美经贸摩擦升级及新冠肺炎疫情全球蔓延的背景下，中国与东盟的贸易发展迅速。目前，东盟已超越美国和欧盟，成为中国第一大贸易伙伴。二是受"钓鱼岛购岛风波"及中美经贸摩擦的影响，日本和美国两大传统贸易伙伴在中国外贸中的重要性持续下降。2001年中国对日本和美国的进出口额分别占中国外贸总额的16.3%和15.9%，到2019年，这一比例则分别降至7.3%和11.3%。随着中国外贸进出口市场多元化的不断加强以及美国和日本"再工业化"和"去中国化"进程的发展，预计这一趋势还将继续。三是欧洲在中国进出口贸易中的地位一直较为稳定，虽然被东盟超越，但依然是中国第二大贸易伙伴。在新冠肺炎疫情的大考面前，中欧双方

---

* 本章作者为倪月菊（中国社会科学院世界经济与政治研究所研究员）。

都认识到合作共赢才是摆脱经济衰退的必由之路。中欧班列的开通和运行、各种经贸高层对话和互联互通平台的建设都将从政策和机制方面维护中欧经贸关系的稳定健康发展。预计，中欧间的贸易会继续保持稳定向好的发展趋势。

从货物贸易的地区结构看，主要有以下几个特点：一是地区总体贸易结构相对稳定，"东强西弱"的局面仍未有实质性的改变。近些年来，随着"一带一路"倡议推进，"东北振兴"和"西部大开发"等国家战略的实施，中西部的贸易增长迅速，地区贸易的差距呈缩小趋势。但由于中西部地区占中国进出口的比重很低，短时间内很难撼动东部沿海地区省份在中国外贸进出口中的强势地位。2019年出口总额排名前六位省份（广东省、江苏省、浙江省、山东省、上海市、福建省）的出口总额占全国出口总额的比重仍高达76.5%。二是地区贸易方式自西向东呈"梯状分布"。东部沿海地区的一般贸易占比越来越高，特别如IT、人工智能、生物制药等高新技术产业发展迅速，而中西部地区由于承担了东部地区的产业转移，以劳动密集型产业为主的加工贸易发展相对较快。未来一段时间内，东部沿海地区依然在对外贸易上处于主导地位，在贸易总额、贸易技术水平和附加值上保持在高位，同时中西部地区随着贸易开放水平进一步提高，进出口贸易增长率高于东部地区。三是从各地区贸易伙伴的国别（地区）结构看，由于区位优势和地区技术水平与贸易伙伴的互补性是决定贸易伙伴国别（地区）结构的重要因素，各地区贸易伙伴均有分散化的趋势。多数省（市）对东盟、欧洲、美国、日本和韩国五大贸易伙伴的出口占比为40%—60%。国别构成在未来会有小幅调整，部分中西部崛起的地区对发达国家的进出口贸易量会上升。整体而言，各地区对美贸易量呈下降趋势，对东盟、新兴经济体等发展中国家的贸易量增速将超过发达国家。

从贸易的货物结构看，其特点主要体现在：第一，第85章电机电气设备及其零件产品保持了中国第一大类贸易品的地位,进出口额占中国外贸总额的四分之一强。2019年,该类产品的进出口占比分别达到24%和26.9%。这一趋势将继续保持。第二,从出口看,劳动密集型产品,如针织服装等的出口占比明显下降。从细分产品层面看,如产品电话机和蜂窝网络设备、家具床上用品等重点出口产品,均受中美经贸摩擦的影响,出口份额持续下滑。第三,从进口看,电子集成电路和信号发送和接收设备自2013年起进口比重持续上升,半导体设备制造品及其零部件增长速度尤其显著,所占进口比重从2012年的4%上升到了2018年的15.1%。第四,从贸易盈余看,中国的机械设备核反应堆锅炉和电子设备是贸易盈余的第一大类产品,矿物燃料,矿物油和矿砂、矿渣及矿灰等基本能源,生产原材料处于绝对的贸易逆差。鉴于中国外贸所面临的国际环境日趋复杂,贸易保护主义及单边主义趋势日益显著,美国对中国高新技术产业的打压会日益加剧。为避免被"卡脖子",中国将在"双循环"新格局下,加快创新步伐。预计未来一段时间内,中国商品贸易结构将继续向以技术密集型产品为主的方向转化,但贸易产品会有较大分化。化学品、药品等贸易会更加活跃,电子产品贸易可能因保护主义受损。资本密集型贸易也会出现分化。部分行业会受产业升级政策、环保政策等的影响,贸易可能继续收缩,高技术含量的机械设备等可能因新兴市场国家的技术升级和产业升级而受益。

从货物贸易的方式结构看,其特点主要体现在:第一,自2001年加入世界贸易组织以来,中国贸易方式结构从以加工贸易为主转变为以一般贸易为主。第二,从企业类型来看,一般贸易出口以私营企业为主,进口则形成国有企业、外商投资企业和私营企业鼎足之势;加工贸易进出口以外商投资企业为主;而保税物流区贸易出口为国有企业、外商投资企业和私营企业并重,进口为外商投资企业和私营企业并重。第三,从产品类型来看，农产品、劳动密集型产品、机电产品和文化产品的进出口中一般贸易占主导地位，高新技术产品进出口则以加工贸易为主。近年来，中国提出加工贸易高质量发展，使加工贸易更多加入全球价值链附加值高、科技含量高的环节，以提高参与加工贸易的深度，这将在很大程度上使中国加工贸易比重上升且提高加工贸易的深度，维持中国在劳动密集型产品上的国家竞争力。同时，随着中国"提质增效"步伐的加快，中国外贸企业在规模、技术和贸易经验方面不断提升，自主开拓国际市场能力进一步增强，出口技术含量增加，一般贸易的规模将持续扩大。未来，中国出口贸易中加工贸易和一般贸易均将继续发展，但一般贸易的增长速度快于加工贸易，出口贸易方式结构继续以一般贸易为主导。

从服务贸易结构看，其特点主要体现在：第一，服务贸易额占中国外贸总额（货物＋服务贸易）之比及其服务出口占世界服务总出口的比重仍明显低于货物贸易，表明中国服务贸易国际竞争力仍有待提高，未来提升的空间依然很大。第二，具有比较优势的行业为建筑服务、商业服务和其他服务业，而在卫生、教育、文娱、金融保险、专利特许和其他个人服务等领域亟待迎头赶上。第三，从服务供给模式来看，中国服务业进出口均以商业存在为主，特别是商业存在模式出口额占总服务出口比重为68.4%，高出世界整体9个百分点，商业存在模式进口额与世界整体基本持平。跨境供给的进出口水平明显低于世界的平均水平，吸引境外消费的能力明显偏低，自然人流动方面的限制措施有进一步放开的空间。第四，从增加值角度来看，由于中国深度嵌入全球价值链，通过制造业间接出口了大量服务增加值，与服务总值贸易逆差相反，中国增加值服务贸易为顺差。第五，尽管中国知识密集型和劳动密集型服务增加值出口占比上升，资本密集型以及健康、教育和公共服务增加值出口占比下降，但依然以劳动密集型服务增加值出口为主。

第六，与货物贸易相同，中国对北美地区服务出口占比将下降，对欧洲、东亚地区出口比重上升；劳动密集型和资本密集型服务出口比重下降，知识密集型出口比重进一步上升。未来，随着经济发展和技术进步，作为中间品和生产黏合剂，金融服务、电信服务以及法律、会计、咨询等商业服务在全球价值链中将扮演重要角色，所占比重将不断提高。同时数字技术的发展以及收入水平的提高，远程医疗、远程教育、远程咨询服务贸易规模将不断提高。预计未来五年，中国贸易增速最快的服务部门会是ICT服务，同时数字经济驱动型服务的贸易也会有较快增长，以商业存在为主的贸易结构可能被跨境供给替代。

中国贸易结构的上述特征是中国加入世贸组织以来，顺应变化了的国际国内环境，在发展中逐渐形成的，是中国外贸由小变大，再由弱向强的具体体现。尽管目前国际局势风云变幻，但在中国全力打造以国内循环为主的双循环新发展格局和构建开放型经济新体制政策的指引下，在"一带一路"倡议、西部大开发、东北振兴、打造长江经济带和京津冀协同发展及"六稳六保"等政策的支持下，在未来一段时间内，中国贸易结构将延续上述发展趋势，"一带一路"沿线国家将在中国外贸中发挥越来越重要的作用，中国国内"东强西弱"的局面将逐步向东西平衡发展方向迈进；高新技术产品在中国出口中的份额将持续上升，劳动密集型产品的出口将延续下降趋势；一般贸易和私营企业将在外贸中发挥越来越重要的作用；数字经济的发展将驱动服务贸易模式的改变。

然而，日益复杂的国际环境使中国贸易发展受到严峻挑战。为了使中国贸易结构能够延续上述良好的发展势头，不被"恶化"的国际环境所打断，使中国由贸易大国稳步走向贸易强国，我们建议：

持续释放"一带一路"沿线国家的贸易潜力，应把贸易重点放在周边国家，特别是东亚地区。由于中国经济的快速赶超，使长期处于"霸主"地位的美国倍感压力和"威胁",开始不惜一切手段打压和遏制中国,导致中美经贸摩擦加剧且出现长期化趋势。同时,中国经济的快速发展也挤压了英国、法国和德国等发达国家的市场份额,使它们的利益空间被大幅压缩,中国也由追赶者迅速成为竞争者。因此,未来中国与老牌发达资本主义国家之间的贸易会更多地受到意识形态和政治安全等因素的影响,而变得越来越不安全。为此,未来中国的贸易应把着力点放在周边国家,特别是东亚地区。

一是重塑亚洲价值链,构筑以中日韩三国为领头雁的亚洲价值链新模式。东盟已经成为中国最大的贸易伙伴,未来仍有较大的发展空间。2008年国际金融危机后,全球价值链重塑的步伐加快,亚洲传统的价值链网络也有了新的变化。作为"世界工厂"的中国,凭借着巨大的市场规模、完整的产业链条和不断提升的技术水平,日益成为东亚生产网络的核心;韩国也在很多的技术领域赶超了日本,在亚洲生产网络中发挥着越来越重要的作用。因此,未来我们应适应全球价值链重塑的脚步,重塑价值链,加快构筑以中日韩三国为领头雁的亚洲价值链新模式,以更高的区域经济一体化水平促进亚洲地区经贸合作的发展。

二是加快区域自由贸易网络布局。在贸易保护主义等逆全球化潮流冲击下,推动区域经济一体化已成为各国寻求国际合作的重要路径。中国应考虑尽早加入CPTPP谈判,以自由贸易协定的制度约束,为中国贸易结构的稳步升级和调整保驾护航。加入CPTPP不仅与中国的自身发展方向相辅相成,而且可以起到"以开放促改革"的作用,拓展中国与亚太国家经贸合作的重要机遇。虽然此前许多人担忧其标准过高,但近年来深化改革开放的内生力量正在逐步推进中国向CPTPP的标准靠近。在积极加入CPTPP的同时,应同步继续坚定推进区域全面经济伙伴关系协定(RCEP)的实施和升级以及中日韩自贸区协定等多边贸易协定，全面推动亚洲区域一体化发展，促进与亚洲国家经贸关系的发展。

三是在澜湄次区域合作框架内，促进与东盟国家的经贸关系。澜湄合作是澜沧江—湄公河沿岸六国共同创建的新型次区域合作机制。启动四年多来，澜湄合作已成为本地区最有活力、最有成果的机制之一。未来应进一步畅通澜湄国家贸易通道，调动中国西部、西南部以及东盟其他国家力量，实现对湄公河国家的更大投入，进一步优化资源配置，维护产业链供应链稳定，推动澜湄国家协同发展。

第二，应本着"求同存异"的原则，稳步推进与欧洲国家的经贸关系。欧洲国家在意识形态和政治体制等方面与中国有很大的差异，特别是中国的赶超也必然会增加与欧洲国家的经贸摩擦。但中国和欧洲国家都支持贸易自由化和多边贸易体制，未来在处理与欧洲国家经贸关系时应坚持"求同存异"的原则，多方面推进与欧洲国家的贸易。

一是争取尽早签署并实施中欧全面投资协定。随着贸易保护主义兴起，中国对欧投资也面临不少制度障碍，需要有新的制度为中国企业对外投资保驾护航。虽然中国已经与欧盟27个成员国中的26个成员国（除爱尔兰外）缔结了投资协定，但这些协定基本都不涉及投资自由化和可持续发展的内容。在中欧双方的共同努力下，2020年12月30日，历时7年的中欧投资协定谈判如期完成，成为中欧加快双向开放的重要里程碑事件。一旦协议签署完成并付诸实施，将对中欧两国经济乃至世界经济产生积极的推动作用。一方面，中欧投资协定能够为欧盟企业进入中国市场提供更好的市场准入条件。同时，也能为日益增长的中国对欧投资提供一个更加统一和确定的法律保护框架。此外，投资协定能有效破解美国政府孤立中国的图谋。在该协定的基础上，中国与欧盟还可以就世界贸易组织争端解决机制改革、气候协定谈判、可持续发展等主题开展深入合作，凝聚双方的共识,共同推动国际经贸规则的多边化发展,为中国外贸发展创造良好的外部环境。

二是尽快启动中英FTA谈判。进入21世纪以来,中英两国经贸关系持续升温,双边贸易稳步增长,投资持续深化。当前,中国已经成为英国的第三大进口商品来源地,第五大出口商品目的地。同时,中英双边服务贸易保持良好发展势头,在运输、旅游、金融、电脑及信息服务、医疗等领域拥有巨大的贸易潜力。此外,中英双向投资规模不断扩大,英国是中国在欧洲的重要投资目的地和资金来源地。为确保中英经贸关系行稳致远,应尽快启动中英FTA谈判,就货物贸易零关税等条款进行磋商,积极推动两国企业在金融、创新、通信、新能源等领域取得新的合作成果,争取更大发展空间。

三是继续在"17+1合作"框架下,推进中国与中东欧国家的经贸关系。"17+1合作"是根据中国同中东欧国家的共同愿望打造的跨区域合作平台,成立近8年来,已经搭建起全方位、多层次、宽领域的立体架构,在近20个领域建立合作机制,每个领域都取得了早期收获和重要成果。目前,"17+1合作"正进入提质升级的新阶段,"17+1合作"同共建"一带一路",同欧盟的欧亚互联互通战略,同波罗的海、亚得里亚海和黑海"三海倡议",同中东欧各国的发展战略更好地融合对接,拓展在数字经济、人工智能、金融科技、生命科学、生态环境等新兴领域合作,实现"17+1合作"高水平、高质量发展。

第三,推进国内各地区贸易均衡发展。鉴于中国地区贸易依然没有改变东强西弱的格局,我们建议在国内循环上,构筑以珠三角、长三角和京津冀"三头雁"为首的国内雁型发展新模式。珠三角、长三角和京津冀是中国最重要的三大经济圈,在中国经济发展和改革开放中发挥了巨大作用,是中国对外开放的重要窗口,更是中国企业"走出去"的桥头堡。由于外部风险日益提高,未来中国这三大经济圈除了要在国际循环中发挥重要作用外，更应该把着力点放在国内循环上。即以三大经济圈为中心，加大力度将产业链向经济圈的周边、东北和中西部布局。使中国区域经济协调且均衡发展，以带动国内供给和需求的共同发展，进而促进中国经济的稳步发展，带动国内贸易更均衡地发展。

第四，全力发展高新技术产业，在全国范围内布局全产业链。由于中国长期采取以国际循环为主的发展模式，使加工贸易一直在中国外贸发展中扮演着重要角色。两头在外、大进大出的外贸发展方式，不仅恶化了人民的生存环境，也使中国长期被锁定在价值链的中低端，核心技术始终掌握在发达国家手中，极易在危机时刻被"扼住咽喉"，从而打断中国经济的发展进程。因此，在高新技术产业，特别是在芯片等这些受政治因素影响非常大的产业，应该在国内布局全产业链，要特别注意一些重要产业的关键技术、关键零部件、关键原材料的布局。如与数字经济相关的技术。我们知道，数字经济是人类通过大数据（数字化的知识与信息）的识别—选择—过滤—存储—使用，引导、实现资源的快速优化配置与再生、实现经济高质量发展的经济形态。在技术层面，包括大数据、云计算、物联网、区块链、人工智能、5G通信等新兴技术。在应用层面，"新零售""新制造"等都是其典型代表。

参考文献

Manova K. B.,"Yu Z. Firms and Credit Constraints along the Global Value Chain: Processing Trade in China", *SSRN Electronic Journal*, No. 15, 2012.

Wettstein S., Liberatore A., Magdeleine J., et al.,"A Global Trade in Services Data Set by Sector and by Mode of Supply", *WTO Working Paper*, 2019.

樊茂清、黄薇:《基于全球价值链分解的中国贸易产业结构演进研究》,《世界经济》2014年第37期。

海继祖:《人民币汇率对中美两国不同类型产品贸易的影响》,博士学位论文,清华大学,2015年。

孟庆雷、谭闰臣:《沿边省区对外贸易的经济增长效应——基于HS-6位分类的实证研究》,《中南民族大学学报》(人文社会科学版)2019年第4期。

邹俊毅、周星等:《我国出口产品质量及其分化趋势研究》,《山西财经大学学报》2011年第2期。

倪月菊，中国社会科学院世界经济与政治研究所国际贸易研究室研究员、世界经济史研究中心副主任，兼任中国经济史学会副秘书长，外国经济史专业委员会副会长兼秘书长，全国日本经济学会常务理事，新兴经济体研究会理事。研究方向为国际贸易政策、FTA 和中日经贸关系。参编著作十余部，在《当代亚太》《财经研究》《国际贸易》《日本学刊》《国际金融》等期刊发表论文数十篇，在《人民日报》等新闻媒体发表多篇经济评论，获得多项中国社会科学院优秀对策信息对策研究类奖项。

马盈盈，南开大学经济学博士，中国社会科学院世界经济与政治研究所助理研究员，瑞士南方中心访问学者。研究方向为国际贸易理论与政策，重点研究问题包括贸易政策模拟、全球价值链、服务贸易、中美贸易等。在《国际贸易问题》《产业经济研究》《世界经济研究》《中国流通经济》和 Sustainability 等国内外期刊发表论文多篇。

王芳，中国社会科学院世界经济与政治研究所博士后，研究领域为国际贸易与国际投资，当前研究方向主要为数字贸易、服务贸易和全球价值链。